마음을 빗질하다

인문학 시인선 042

마음을 빗질하다

천영희 제4시집

제1쇄 인쇄 2025. 8. 15
제1쇄 발행 2025. 8. 20

지은이 천영희
펴낸이 민윤식
펴낸곳 인문학사

등록번호 제 2023-000035
서울시 종로구 종로19(종로1가) 르메이에르빌딩 A동 1430호
전화 : 02-742-5218

ISBN 979-11-93485-38-5 (03810)

ⓒ천영희, 2025
Printed in Seoul, Korea

*잘못 만들어진 책은 본사나 구입하신 서점에서 교환하여 드립니다.
*이 책은 저작권법에 의해 보호받는 저작물이므로 저작자와
 출판사의 서면동의 없이는 무단 전재와 무단복제를 금합니다.

인문학 시인선 042

천영희 제4시집
마음을 빗질하다

인문학사

시인의 말

내 시의 중심은 어릴 적 사고에 머물러 있다.

초록이 넘실거리는 나주평야의 울퉁불퉁 들길에서
맨발로 바람개비 돌리며 무지개 쫓던 소녀

자연을 벗 삼아 지냈던 추억들이 켜켜이 잠긴
깊은 우물 속에서 달빛으로 길어 올린 시어들

청기와 지붕아래

녹슬어가는 삼천리 자전거 따르릉 거리며 시오리길

읍내 오일장에 나가 주막집에 들러 막걸리 한사발로
시름 달래고 초롱한 눈망울의 자식들과 식솔이
기다리는 생필품 바리바리 싣고 석양빛 밟으며
재 넘어 오시던 아버지

문고리가 쩍쩍 달라붙던 맹추위에 빨강색 505털실로
짠 스웨터로 겨울을 포근히 감싸 주시며
가족 위해 모든 것을 내어 주시던 어머니

앞마당에 주렁주렁 단감 돌담아래 요염한 앵두
김이 모락거리는 보리개떡 볼 터지게 먹으며
왁자지껄 대가족 품안에서 봄볕 같은 따사로운
사랑 받으며 해맑게 자랐던 유년시절

뉘엿뉘엿 노을빛 바라보며 그리움의 추억들을
한 닢 두 닢 정갈하게 시의 꽃으로 피워내어
그대들에게 헌정 합니다.

                                      2025년 가을이 오는 날
                                      천 영 희

c o n t e n t s

004 시인의 말

1 오늘도 외로움과 그리움 베고 누워

012 '하루'라는 보석
013 이슬방울
014 새벽 미사 가는 길
015 인생사
016 발가락의 눈물
017 시의 방
018 인내의 꽃
019 거울을 보며
020 시 쓰기
021 말 속의 뼈
022 그들의 언어
023 가면을 벗다
024 거울 앞에서
025 자화상
026 시 한 수
027 마음을 빗질한다

2 이팝꽃이 활짝 피면 풍년이 온다지요

030 추억 한 조각
031 월요장날
032 별빛과 들꽃 향기
033 보물찾기

034 봄을 주워담는다
035 국수 한 사발
036 간이역
037 시골 장터
038 추억을 꺼내본다
039 우물가 빨래 터
040 농주 한 사발
041 이팝꽃
042 추억꾸러미
044 완행버스

3 박꽃 같은 할머니의 미소가 그립습니다

046 쌈짓돈
047 무화과
048 손녀딸 민서영
049 할머니의 무명 베수건
050 어머니의 세월
052 알사탕
053 어머니
054 할머니의 젖가슴
055 고향집
056 인간의 A/S 기간은
057 혼불
058 탯자리

059 합격통지서
060 아버지의 목소리
062 시누이 사랑
063 명함
064 부부

4 연둣빛 바람이 손각지 끼고 함께 가자 한다

066 입춘
067 연분홍 봄
068 연둣빛 사랑
069 봄날은 간다
070 오월 속으로
071 영산홍 꽃잎
072 유월이 오면
073 자운영 꽃
074 매미
075 어느 여름날
076 비둘기의 여름나기
077 추어탕
078 한가위 날
080 가을이 오면
081 숲속 풍경
082 낙엽이 우수수
083 겨울 산에 눈 내리면
084 겨울을 털어내다

5 나만의 장난감을 언제까지 만들 수 있으려나?

086 삶이라는 파도 타기
087 거기 누구 없소!
088 소금 꽃
089 나만의 장난감
090 행복을 줍다
091 꽃무늬 양산
092 곡예사의 외발 수레
093 별을 따는 여인
094 동네 한 바퀴
095 옥색 커플링
096 양파

6 이 풍진 세상 해맑은 눈망울로 눈부시게 지내다가

098 이 풍진 세상에서
099 인생
100 표정
102 지하철 역 광장
104 내 놀이터
105 친구하기 싫다
106 잠 잠 잠
107 한바탕 굿판
108 기침 소리
109 지하철 손잡이

110 장생불사

7 해질 녘 갈색 스카프에 국화꽃 향 숨어든다

112 숨차다
113 인생길
114 등 굽은 여인
115 농해버린 수박
116 숨어들다
117 인생사
118 황구의 목줄
120 석별의 아쉬움
121 지우고 싶다
122 삼재는 물러가고
123 검버섯
124 노인정
125 어깨통증
126 인명은 재천

평설
127 추억의 보물찾기에서 출발하여
새로운 나를 찾기까지의 시적 여행/민윤기

1
오늘도
외로움과 그리움
베고 누워

하루라는 보석

하루라는 시간을 매듭으로 곱게 엮어
마음 벽에 걸어두면

한 달이면 서른
일 년이면 삼백육십오 개의
보석꾸러미가 되어 행복의 탑으로 세워진다

망망대해에 새벽별 바라보며
희망의 돛을 달고 출항하는
고깃배의 힘찬 뱃고동소리 들으며
만선의 풍악소릴 기다리는 선창가 사람들

푸른 바람타고 창공을 차고 날며
물고기 떼 쫓아가고 있는 갈매기의 비릿한 날갯짓

파란만장 거친 풍랑 속에서 집어등 불빛으로
낚아 올린 파닥거리는 은빛 비늘 물고
무탈하게 선착장에 닻을 내리는
배가 불룩해진 하루

오늘도 내일도 모래도
알록달록 무지개 빛깔 보석만 주워 담길 기원해 본다

이슬방울

여명이 밝아오는 새벽녘
길을 따라 나서던
풀잎 끝에 매달린 영롱한 이슬방울

달빛별빛 눈 마주치니 새초롬히
풀잎 뒤에 숨어 있다가
햇살과 눈 마주치니
화들짝 빛나는 보석으로 피어난다

미풍에 흔들리는 나팔꽃의 푸른 종소리
창문에 스치니 부스스 열리는 아침

햇살 물고
분꽃 채송화 꽃잎에 머물던 이슬방울
마른바람에 사르르 흔적을 지우고 있다

새벽 미사 가는 길

어둠 밟으며 새벽미사 가는 길에
봄비가 추적추적 뒤 따라오고 있다

나는 찌든 삶에 덕지덕지 누더기로 뒤덮인
죄 벗으러 가는 길

봄비는 겨우내 어둠 속에 움츠렸던 생명의 씨앗
잠 깨워 생명에 환희 주시길 기원하러 가는 길

성전에 울려 퍼진 탐욕과 질투 자비와 용서
사랑과 나눔의 말씀 가슴에 안고

돌아오는 길에 마주친 검은 점박이 길고양이
무소유로 살아가는 우리네 삶을 닮아 보란다

인생사

덧셈 뺄셈은 정답이 있지만
우리네 인생사는 정답 없는 오답 투성이다

오늘도 하얀 낮달 허리에 두르고
정답 찾아 삼만 리

발가락의 눈물

한평생 햇볕 한줌 없는 음지에서

돌부리에 채여 피멍이 들 때도
티눈에 절뚝일 때도 숙명인 듯 멍에 껴안고
속울음 삼켜가며 지내는 하루하루

뒷굽 닳아 뒤뚱거리며 스멀스멀 피어오른
악취와 땀에 칭칭 잠긴 채

천대받는 노예로 읍소하며
신발 속 웅크리고 앉아 있는 발가락들

벌겋게 충혈된 티눈의 쪼는 듯한 통증에
핏빛 신음소리 어둠을 헤집는 부박한 삶

오늘도 세월에 휘어진 발가락은 낡은 양말
헤집고 맑은 하늘 우러르며
울퉁불퉁 황톳길을 걸어가고 있다

시詩의 방

원고지에는
생로병사 희로애락이 동거하는
여러 개의 방이 있다

기쁨 방 슬픔 방 웃음 방 눈물 방
네모난 방안에 켜켜이 쌓인 기억들

세월에 패인 주름살은 지우개로 지우고
청춘을 덧 씌워 분칠해 가며
연필로 그려 보는 자화상

방방에 걸렸던 싱그럽던 꽃은 마른 꽃 되고
원고지에 심겨진 수북한 말들은
도란도란 삶의 갈증을 풀어준다

오늘도 달과 별 그리고 구름과 바람이
허공에 걸어놓은 시어 뚝 따
정갈한 시의 방에 담아 보는 저녁이다

인내의 꽃

긴긴 세월 등 기대고 지내오며 쌓아올린
오십층 탑 위에 핀 인내라는 꽃 한 송이

희로애락 롤러코스트 타며 허물어져가는
시간 속 향기도 빛깔도 없는 무채색 꽃 이파리

인내로 버텨온 구겨진 세월 모두 내려놓고
푸른 별 따라 하르르 져버린 그대

숲속 절간 풍경소리 목탁소리 들으며
금동여래상에 우담바라 꽃으로 피어났구나

거울을 보며

앞마당
앙상한 고목나무 가지에 소리 없이 내려 쌓인
눈을 보며 화장대 앞에 앉아 거울을 본다
여인의 얼굴에는 아버지의 코와 어머니의 눈과 입술이
얼핏 스쳐지나간다

방실거리던 앳되고 탱탱했던 시간들은 소리 소문 없이
맹물에 말아 삼켜 버리고 어쩌다 어쩌다가 울 할머니 닮은
할머니가 왜 거기 앉아 있느냐구요?

째깍째깍 소리 밟으며
백발에 쭈글해진 나를 보고 있는
나도 낯설다

굴곡진 여정에 굳은살 박인 발자국만 얽히고설킨 채
곳간 가득 차고 넘쳐도 재활용 못하고 폐기장으로
가는 것을 보며 허탈함 주체 못해 머리에 꽃을 꽂은 여인

거울아, 거울아! 세상에서 누가 제일 예쁘냐?
바로 당신?

껄껄껄 까치가 아침을 깨우고 있다

시 쓰기

문학이란 모든 질병을 치유해 준다는
어느 책 구절에 번갯불이 번쩍
온 몸의 단세포를 깨우며 황혼에 찾아온
시 쓰기

추억고인 옹달샘에서 건져 올린 파닥거리는
은빛 시어들

한숨으로 뭉쳐진 육신의 통증을 파스 아닌
시 쓰기로 푸는 요즘

봄비에 촉촉이 젖은 신 새벽
원고지에 주워 담은 진주꾸러미
내 삶의 행복 꾸러미

말 속의 뼈

숲 속 포수가 당기는 방아쇠에 명중된 짐승들이
하늘을 부여잡고 포효하며 쓰러져간다

도심 속 천사의 탈을 쓴 사람들이 빌딩 꼭대기에서
말에 실탄을 장전하고 동서남북으로 쏘아댄다

파편 꽂힌 심장의 울부짖음에 혼미해져가는 영혼
피멍든 상처 안고 진찰권 입에 문채 기다리는 중생들

전광판 번호판이 북새통이다

표독한 언어를 치료해주는 명의는 어디에?

갓난아기처럼 맑은 눈 마주치며 옹알이 하듯
정제수 같은 뼈 없는 언어로 서로의 마음을 토닥여 주는
세상을 소망해 본다

그들의 언어

인간에게 언어가 있듯이 모든 사물에는 언어가 있다

새벽을 여는 장닭의 꼬끼오 알람소리에
화들짝 깨어나는 아침

숲속 나무들은 햇빛과 바람과 속살거리며
하루를 키 재기 하고

골짜기 휘돌아 조약돌 굴리며
청량하게 흐르는 시냇물 소리
새들은 예쁜 목소리로 고운 노래 부르며
나뭇가지에 매달린 연둣빛 봄을 쪼고 있다

소담스럽게 피어난 꽃들은
미소와 향기 나누며 담소 즐기고
벌 나비는 날개 파닥이며 사랑을 물어 나른다

천사 같은 아가들의 옹알이소리
노인의 외로움 달래는 만국공통어 카톡 소리

오늘도 시간은 째깍째깍
우리들의 어깨를 씽긋 스치며 지나가고 있다

가면을 벗다

까악까악 까치 알람소리에 아침이 깨어나면
햇살 조명 아래 오늘이라는 무대의 막이 오른다

일일 드라마 주인공으로 자기만의 맞춤 가면을 쓰고
찰거머리 같은 핸드폰과 일심동체 되어
집안에서 일터에서 지하철에서 하루를 사루는 광대놀음

오늘은 각시탈 내일은 하회탈 모래는 양반탈을 쓰고
덩실덩실 하늘을 날기도 하고 회오리바람에 쓰러져
추락하기도 하고

허공에 매달린 외줄 위에 어름사니 되어 허공잡이 하며
희 노 애락 녹여 세상을 호령하던 남사당패의 춤사위

박수소리 뒤로 하고 암막커튼이 오늘의 막을 내린다

거울 앞에서

너 자신을 알라며 지구상에 거짓 아닌 진실만 고하는
충직한 그대

거울 앞에 서서 자신을 비춰보는 일상에
거실 부엌 화장실 벽에 붙박이로 매달린 채
말없이 다정히 미소 지으며

부스스한 옷매무새 고쳐 주고 콧 털도 깎아 주고
잇 사이 낀 고춧가루도 마음속에 고여 있던 눈물도
닦아 주는 천사 같은 너

솜털 보송했던 소녀는 고목나무 뒤에 숨고
까만 검버섯에 골 패인 주름살 감추려고
분첩으로 토닥이는 나에게 찡긋 위로해 주는
영원한 친구

넓은 아량으로 묵묵히 베풀기만 하는
너를 닮고 싶구나

자화상

어스름 달빛모아 이젤 위에 펼쳐 놓고
삶의 발자취를 채색화로 그려 본다

라일락 향기 배인 붓 끝에 빨강 노랑 파랑이
사각 캔버스 위에서 맨발로 뛰어 다닌다

폭풍우에 젖어도 돌부리에 넘어져도
오뚜기처럼 일어나 모질고 굴곡진 세월
침묵하며 걸어온 발자취 반추하며
덧칠해가는 은발의 여인

추상화 같은 한 폭의 자화상

하늘 벽에 걸어 둘까?
마음 벽에 걸어 둘까?

시詩 한 수

어둠이 열리는 신새벽

봉창으로 들어온 이슬 머금은 시어
주섬주섬 실에 꿰어 인형을 만들어본다

삐뚤빼뚤 네모난 얼굴에 아침 햇살 한꼬집 넣어
조물조물 둥글게 만들고 하늬바람 한 움큼 넣어
반짝이는 눈 오뚝한 콧날 앵두 같은 입술에
발그레한 볼까지 예쁘게 빚는다

노랑 곱슬머리 파마에 드레스 입고 함박웃음 짓는
서양 미인도 쪽진 머리에 한복 입고 우아한 자태로
미소 짓는 동양 미인으로도 빚어내는
신령한 손놀림

원고지 칸칸마다 분주하게 드나드는 발걸음에
뒷굽이 닳아 버린 만년필

영혼을 담은 시 한 수가
원고지 위에서 가부좌를 틀고 앉아 있다

마음을 빗질한다

겨울 찬바람에 오돌거리며
가로수 가지에 웅크린
메말라가는 잎사귀의 바튼 기침 소리

삶의 행복했던 순간들은
망각이란 돛단배에 실어 강물에 띄워 보내고
시련의 순간들은 새김질로 가두며
붉은 심장을 새까맣게 들볶는 하루하루

오늘도 외로움과 그리움 베고 누워
별이 된 친구에게 문자 메시지를 보낸다
그곳에서 새들의 합창소리 들으며
만개한 꽃들의 향내에 젖어 볼그레 잘 지내냐고

어둠을 깨우는 신새벽 사뿐사뿐 내리는 눈을 보며
헝클어진 마음을 정갈하게 빗질해 본다

2
이팝꽃이
활짝 피면
풍년이 온다지요

추억 한 조각

북한산자락 기자촌 능선의 산 내음 촉촉한 마을
문간 셋방에서 백 년 태울 사랑을 한껏 불사르던
신혼 시절

십구공탄 연탄불 위 양은솥단지에선 지글보글
꽃분홍 사랑물이 끓어오르고

마중물 들이킨 수도펌프에선 파아란 사랑물이
콸콸콸 뿜어져 나오고
설컹거리던 삼층밥도 오케이
수북이 쌓인 설거지도 오케이
외식으로 자장면 한 그릇에 함박웃음 짓던 신랑각시

산전수전공중전에 울고 웃다가
반백 년 쌓아올린 고층아파트에서 들숨날숨 건강 챙기며
말년의 삶 뚜벅뚜벅 걸어가는 노부부
새벽별이 물고 온
예쁜 추억 한 조각으로 마음을 헹구니
닫혔던 어둠이 열리는 싱그러운 아침

매미 울음소리가 청록색이다

월요 장날

아파트 담장 끼고 왁자지껄 생존이 펼쳐진다

햇볕 가림막 아래 똘망똘망 방울토마토 자두 살구
복숭아는 알록달록 단내 풍기며 발걸음 붙잡고
파도 타며 하늘을 마시던 고등어 꽁치 조기 가자미는
짠내 토해내며 직화구이로 비릿한 고소함을 풍긴다
초록 밭두렁 뛰놀던 열무 상추 가지 오이 호박은
새벽이슬로 몸단장하고 덜컹거리는 경운기 타고
나들이 나와 분내 나는 도시사람 구경이 한창이다

현금 할인 팻말 내건 대형 가마솥에선 사골 시래기국
선지국 갈비탕 추어탕이 보글보글 식탁을 책임지겠다고
유혹을 하고
뻥이야 구수함 풍기는 강냉이 검은콩 쌀 율무 뻥튀기는
무료한 일상에 바스락바스락 수다 떠는 친구가 되겠단다

푸짐한 먹거리에 눈과 마음이 즐거운 월요 장날
장바구니 캐리어가 끙끙거리며 따라오고 있다

별빛과 들꽃 향기

메뚜기 방아깨비 쟁기 타고 놀던
보랏빛 자운영꽃 만발한 들녘

땡볕에 밀짚모자 눌러 쓰고 훠이훠이 참새 떼
쫓으며 누렇게 낭창거리는 논배미 지키던
허수아비

추수 끝나니 정든 들판 친구들과 작별 고하고
풍년가 부르며 행진하는 경운기 따라와
헛간 후미진 곳에 앉아 거미줄로 옥죄어
파닥이는 곤충의 허무한 삶을 보며
안식년을 보내고 있는 퀭한 눈빛의 허수아비

동병상련으로 황혼의 허탈함과 무관심에
딸꾹질만하고 지내는 뒷방 늙은이

어두운 밤하늘 밝히는 샛별
담장아래 흐드러진 구절초 꽃향기와 손잡고
왈츠를 추다가 초롱한 눈망울로
외로움 헤집으며 가슴팍에 안긴다

불면으로 뒤척이던 밤이
뚜벅뚜벅 문지방을 넘어가고 있다

보물찾기

꽃바람과 손깍지 끼고 앞산으로 소풍가는 길에
진달래꽃 흐드러진 봄을 물고 따라오고
산새들은 청아한 목소리로 노래하며 앞장 서 간다

초록 내음 물씬거리는 상수리나무 그늘 아래

동무들과 옹기종기 모여 앉아 계란 후라이 덮인 도시락
성찬 즐긴 후 보물찾기 놀이에 심장은 콩닥콩닥
왕방울 눈은 두리번두리번

녹음 우거진 바윗돌 아래 숨겨져 있던 '크레파스' 라고 적힌
보물쪽지 찾아들고 세상을 거머쥔 듯 기쁨의 함성 지르며
하늘 닿게 뛰었던 어릴 적 추억

기억 저 편 가물가물 무뎌진 감각으로 그리움 조각들
곱씹으며 그렁저렁 지내는 요즘

밤하늘에 반짝이는 별을 보며 숨어 있던
내 별 찾아 마음 항아리에 담아 보는 저녁이다

봄을 주워 담는다

하얀 찔레꽃 향기 담장타고 놀던 봄날
검정고무신 신고 콧노래 부르며
강가 둔덕 위 파릇한 호밀밭으로
봄 캐러가던 볼 빨간 촌가시내들

대소쿠리 옆에 끼고 깔깔깔 친구들과
달래 냉이 쑥부쟁이 봄을 캐다가
지지배배 지지배배 종달새 알 다섯 개에
심봤다 외치며 행복을 주워 담던 고사리 손

한평생 웃고 울며 행복과 불행을 주워 담던
쭈글해진 손등을 보며
그동안 수고가 많았구나
다독여 주는 눈가에 그렁그렁 이슬방울

지금도 둔덕아래 강물은 종달새
노래 소리 들으며 세월 따라 흘러가고 있겠지

오늘은 시장 좌판에서 떨이해온 달래 냉이에
봄을 버무려 새콤달콤 산뜻한 맛으로
달아난 입맛이나 불러 봐야겠다

국수 한 사발

서랍 깊숙한 곳에서 꺼낸
세월에 묵힌 앨범 속 단발머리 교복 단정한
흑백 사진을 보니 흐릿한 유년의 기억들이
보석 같은 추억으로 안겨 온다

고향집 오동나무 아래 풀 내음 흠씬 적신
모깃불 모락거리던 앞마당에서 이웃들과
멍석 위에 달빛 깔고 둘러앉아 동네 보물인
금성 라디오의 연속극 들으며

누리끼리한 통밀국수 가마솥에 삶아
찬물에 헹구어 오목한 사발에 고봉으로 담고
누런 설탕 휘휘 저어 후루룩후루룩 정 나누던
여름밤의 행복잔치

아버지 지게 위 찰랑거리는 밀 다발 따라오던
종달새 노래 소리
군것질로 볶아먹던 메뚜기의 고소한 맛이며
밤하늘 총총한 별 헤던 추억도

마파람에 설핏 스쳐지나가는
한 자락 삶의 모노드라마이다

간이역

빨주노초파남보
희망 깃발 펄럭이며 땡땡땡 진입했던
기자촌 역촌동 응암동 녹번동 증산동 신월동
화곡동 염창동 신도림동

지하철역 이름 아닌 서울생활 50년 여정 길에
고생보따리 가난보따리 눈물보따리 트럭에 싣고
이사 다니며 들렀던 간이역들이다

식솔 많아 집주인의 서슬 퍼런 눈초리에 떠밀려
이 동네 저 동네 기웃거리길 다반사

멍울진 명치끝 아리고
손 발바닥에는 삶에 찌든 괭이 박이고
손가락엔 세월에 뭉개져 버린 지문의 한숨 소리

녹슨 바람만 스쳐가는 인생 간이역에서
발 동동거리며 살아가던 우리네 애환 서린
셋방살이 추억이 흐릿한 등잔불의 그림자로
아른거리는 동짓달 열이렛날 저녁이다

시골 장터

시골 장터 국밥집에 모락거리는 주모의 푸짐한 인심
막걸리 사발에 근심 휘휘 저어 마시던 장돌뱅이 김씨
약장수 노랫가락에 곱사춤 추며 굴곡진 삶의 무게를 털어낸다

어물전 꼴뚜기 먹물 쏘아대며 바다로 가겠다며 보채고
함지박속 대하는 폴짝 뛰어나와 수염 펄럭이며 길바닥 농성
싱싱하다 외쳐대는 아저씨의 비릿한 목소리에
행인들 지갑이 열린다

과일전에선 땡볕에 농익은 수박 참외 살구가 요염한 자태로
단내 풍기며 호객행위 하고 채소전 열무 시금치 쑥갓은
초록초록한 웃음으로 장바구니를 붙잡는다

노점 좌판에서 남새떨이 못하고 한숨 이고 파장하는 노파의
가난에 그을린 주름진 얼굴

해거름 발자국만 뒤엉킨 채 나뒹구는 썰렁한 장터
노을이 바람 빠진 수레바퀴 밀고 넘어가는
산등성이가 가파르다

추억을 꺼내본다

뒷동산에 울긋불긋 단풍 어우러지면
논두렁 나락은 누렇게 낭창거리고
밭두렁 청무우의　탱탱한 몸매에
고추잠자리 곁눈질하며 날고
허수아비는 갈증에 입맛을 다신다

초록 들판이 놀이터인 여치 풀무치 메뚜기
그리고 개구쟁이 아이들
서리한 청무우 너 한 입 나 한 입 베어 물고
허기진 배 채우며 뛰어 다녔던 그곳

탱자나무 울타리 맴돌던 노랑나비
앞마당 지키던 감나무에 주렁주렁 매달린 땡감
장독대에 해 바라기하며 맛깔나게 익어가던 간장 된장 고추장
돌 틈 비집고 피어나던 장독대 지킴이 채송화 맨드라미

지금도 고향 떠난 언니 오빠 기다리고 있을까?

마음 속 그리움으로 숨겨두었던 추억 꺼내려고
새벽 찬바람 타고 휘익 돌아보는 고향집

여명이 밝아오고 있다

우물가 빨래터

수양버들 흐드러진 동네 우물가 빨래터에
아지매들 수다가 모락모락 피어오르는 아침

두레박으로 퍼 올린 하늘 품은 정화수로 입가심 하고
땀으로 얼룩진 빨랫감 박달나무 방망이로 힘껏 두들기니
시집살이 남편살이 가난살이로 속앓이하던
가슴 속 묵은 체증이 푸드득 날개 펴고
초록 들판으로 날아간다

꼬르륵 허기 동여매고 고샅길 휘돌아 오는 길에
따라오던 찔레꽃 향기

뽀송하게 펄럭이는 빨랫줄에 옷들이
햇볕과 가위 바위 보 하며 술래잡기 하고 있는 한낮

양은 주전자 속 막걸리가
할아버지 갈지자 발걸음 소리에 출렁거리고 있다

농주 한 사발

광 속 후미진 곳
배불뚝이 술항아리에 부글부글 막걸리 익어가는 소리
어머니의 애간장 끓는 소리

농사철이면 연중행사로 담그던 농주

손 없는 날 택일하여 가마솥에 쪄낸 탱글한 멥쌀 고두밥
뒷마당 멍석 위에 펼쳐 놓으면 모락거리는 달콤함에
한 움큼 볼 터지게 행복을 깨물었던 우리들

누룩과 버무려져 깜깜한 항아리 속에서 뽀글뽀글
속앓이하다가 고진감래 끝에 빚어진 농익은 막걸리

새참 광주리 머리에 이고 가는 큰언니 곁에 찰랑찰랑
따라가던 주전자 속 막걸리는 초록들판 지나 밭두렁
풀 섶에 살포시 내려앉는다

삶은 감자 보리개떡 막걸리 냄새에 초록바람 기웃거리고
풀벌레 쿵쿵대며 모여드는 그곳
밀짚모자 농부들 밭두렁 뙤약볕에 앉아 땡볕과 건배하고
갈증과 고달픔을 축이던 농주 한 사발

어머니의 손맛으로 피워낸 막걸리 향내가 온 들판을
뜀박질하던 그때 추억이 그리운 저녁이다

이팝꽃

가을볕에 낭창하니 익어가던 벼이삭
허수아비 메뚜기와 작별을 고하고
낯선 타작마당에 들어선다

시끌벅적 탈곡기와 한판 씨름 후
경운기에 올라타고 가쁜 숨 몰아쉬며
정미소로 가는 길에 참새 떼 우루루
동승을 한다

소음 타고 돌아가는 벨트 소리에 장단 맞춰
연지곤지 꽃단장 하고 사뿐사뿐 걸어 나오는
이팝꽃 같은 백미

동네방네 풍악 울리는 잔치마당에
둥근상 위 놋 밥그릇 고봉으로 타고 앉아
하얀 이 드러내고 환하게 웃는 너

이팝꽃이 활짝 피면 풍년이 온다지요

추억 꾸러미

  수북이 쌓인 보리까락 헤집으며 모깃불 연기 피어오르듯
  우드 실패에 돌돌 감긴 아슴아슴한 추억들이
  초록 들판을 달려가고 있다

  보리밭 두렁엔 깜부기 되어 웃는 아이들 웃음소리 찰랑거리고
  유채꽃 물든 소녀의 노오란 웃음소리 쫓아가던 벌 나비 떼

  호박넝쿨 타고 놀던 풀벌레 노랫소리에
  익어가던 수박 참외 단내는 원두막 사다리 타고 오르고
  도랑에서 바짓가랑이 걷어 올리고 미꾸라지 쫓아 첨벙거리며
  까르르 푸른 하늘 날던 웃음소리 자운영 꽃 위를 난다

  해거름 함박웃음 한소쿠리 담아 사립문 열고 들어선
  개구쟁이 반기던 빨간 앵두 입에 문 삽살개

영화관 환등기 타고 어둠 속 적막을 가르며 세월에 감긴
 추억 꾸러미가 바람개비 되어 쪽빛 조명으로 충전된 시간들

 동심에 흥건히 젖어 보는 저녁이다

완행버스

이른 아침
검게 그을린 아낙네들이 올망졸망 삶의 보퉁이
머리에 이고 읍내 오일장 가는 길에 완행버스가
황톳길가 풀숲 비포장도로를 출렁거리며 달려가고 있다

덜컹덜컹 굽잇길 돌고 돌아 난전에 철푸덕 앉아
주거니 받거니 흥정으로 시간을 삼키고
주먹밥으로 허기를 삼키며 고달픔을 녹이는
와자지껄 오일 장터

뉘엿뉘엿 노을빛에 시들해진 푸성귀 떨이 외치더니
칼칼해진 목구멍으로 막걸리 한 사발 꿀꺽이며
하루해를 마신다

주섬주섬 귀가 길에 완행버스 선반 위 검정고무신
갈치 간고등어 뻥튀기 냄새에 졸고 있는
질경이풀처럼 질기게 살아 온 이 땅의 어머니들

당신들의 땀으로 뿌리내린 과일나무에 주렁주렁
새콤달콤 열매 따먹고 찔레꽃 향기 스민
꽃물 마시며 지내는 저희들은 행복하답니다

고맙습니다 감사합니다 사랑합니다

3
박꽃 같은 할머니의 미소가 그립습니다

쌈짓돈

보릿고개 시절
새벽 댓바람에 단발머리 교복차림으로
황톳길 옆 풀숲 이슬 깨우며
헐레벌떡 뜀박질하는 등 뒤로 따르릉
자전거 소리가 따라오고 있다

아버지의 꼬깃꼬깃한 쌈짓돈 손에 쥐어 주시며
배곯지 말라고 당부하시던 온화한 그 모습

푸른 희망 펄럭이던 세월은
마파람에 게 눈 감추듯 후루룩 날아가고
손등에 피어난 저승꽃 헤어보는 겨울밤

두레박으로 퍼내도 퍼내도 마르지 않던
맑은 샘물 같은 당신의 사랑
아버지의 쌈짓돈 다시 받아 봤으면 좋겠다

무화과

아버지가 심어놓은 뒷마당 무화과나무
자식들 키처럼 햇살 움켜쥐고 쑥쑥 자라
그늘막이 되어 준다

봄바람 입질하며 움 틔운 연둣빛 잎새 겨드랑이에
봉긋이 내민 풋열매

여름이 익혀준 잘 익은 황록색 무화과 열매
까치발 들고 뚝 따 한입 베어 물면
당신 사랑만큼 달콤했던 그 맛

육자배기에 젖은 댓돌 위 하얀 고무신 두 짝이
그리운 여름밤이다

손녀딸 서영이

잼잼 도리도리 짝짜꿍 재롱잔치에
온 집안 웃음꽃 활짝 피우던 손녀딸 서영이
콩나물시루에 콩나물 자라듯 쑥쑥 자라더니
어느새 고3 수험생

학창시절의 낭만은 훨훨 날아가고
입시지옥에 허덕이며 불안과 긴장 속에
파리한 낯빛으로 지내더니
드디어 다가온 결전의 순간들

학력고사 예비고사 정시 수시 눈치작전에
롤러코스터 타는 하루하루

헝클어진 마음 추스르며 머그컵에 냉수 담아
창틀 위에 올려놓고 보름달 쳐다보며 빌어 보는
소녀의 간절한 염원

과녁 맞추기에 빗나간 화살로
어둡게 가라앉은 집안
핑크빛 머리 염색으로 실망을 포장하고
배시시 웃으며 현관문 들어서는 손녀딸

울울창창 앞길에 꽃길만 걷기를 소망하는
할미의 코끝이 찡한 하루였다

할머니의 무명베 수건

백세시대에
나이테가 두꺼워진 울퉁불퉁 옹이 박인 고목나무
땅 속 깊은 곳에 수맥 찾아 헤매는 휘어진
고래 심줄 같은 뿌리

장수를 꿈꾸며
혈당 치솟는 흰 쌀밥 달달한 커피
홍시감은 언감생심 손사래치고

풍요 속 빈곤의 삶을 살아가며
쓰디쓴 약봉지만 늘어가고 있는 요즘

냉수에 보리밥 말아
풋고추에 된장 찍어 먹던 보릿고개 시절
동네 잔치하는 날이면
할머니의 무명베 수건에 안겨 따라오던
밤 대추 찰밥 인절미

초롱한 눈망울의 손자 손녀들
뒷마루 끝에 앉아 제비 새끼처럼
받아먹으며 허기 달랬던 행복했던 순간들

박꽃 같은 할머니의 미소가 그립습니다

어머니의 세월

청보리 익어가던 초여름 밤
기와지붕 위로 혼불이 날아간다
굴곡진 삶의 애환도 날아간다

소쩍새 울음소리 밟으며 헛간에 괭이 호미
뒷마당 절구통 장독대 항아리 뒤돌아보며
재 넘어 가시던 우수 젖은 발걸음

미소 띤 영정사진 바라보며
가슴 아린 이별 보듬고 흐느끼니
하얀 국화 꽃잎에 그렁그렁 매달린 눈물방울

무지개다리 건너 마중 오신 아버지와 손잡고
쇠똥 주무르던 손가락에 옥반지 끼고
옥색 물항라 저고리 곱게 차려 입으시고

꿈에 그리던 영암 월출산자락
친정에도 다녀오시고 봄 꽃구경 가을 단풍구경
읍내 서커스구경 하시며 회포 푸셔요

장맛비 그치고

오동나무 가지에 매미 소리 찰랑일 때면
무명베 치마 질끈 동여 메고
확독에 고추 마늘 보리밥에
고단한 세월 우겨 넣고 팍팍 갈아
얼갈이배추 버무려 주시던 맛깔난 그 손맛

골목길 모퉁이 휘도는 저녁바람에 일렁이는
망초 꽃 사이로 설핏 지나가는 창백한 그림자

그립습니다 어머니

알사탕

툇마루에 앉아 산등성이 넘어가는 노을 바라보니
아버지의 도포자락이 펄럭이고 있다

가장의 무게 자전거에 싣고 시오리길 장터 나가

모락거리는 국밥집에서
막걸리 한사발로 시름 달래고
흥정한 씨암탉 간고등어 알사탕 품에 안고
울퉁불퉁 고갯길 넘어 사립문 들어서면

거위는 꽥꽥 목청 높여 반기고
우리들은 버선발로 우르르 알사탕을 반겼지

수레바퀴에 물려 돌아가는 세월 속
목마름 적셔 주는 달콤한 사랑의 알사탕이
그리운 저녁이다

어머니

오뉴월 땡볕에도
빛바랜 무명치마 허기 질끈 동여매고
논두렁 밭두렁 포기마다 한숨 심던
풀물 배인 어머니의 발자국

세월 지나 둥지 떠난 자식들 바라기하며
그리움만 삼키시다가

쇠잔해진 영혼 기대는 요양병원 창틀에 앉은
달빛으로 백 개의 별을 낚아 가슴에 품고
선홍빛 한 토해내며 모진 병마에도 잘 버티시더니

뉘엿뉘엿 해질 녘 가쁜 숨 몰아쉬며
맨발로 선착장에 도착해 돛 내릴 준비하며
잿빛 머금은 섣달그믐 밤을 맞이하셨네요

서쪽 하늘 붉은 노을 속으로 잠기는
소쩍새 울음소리

무릉도원에서 신선놀음하며 지내시던 아버지
흰 소 등에 꽃가마 태워
어머니 마중 오시는 동구 밖 길섶엔
하얗게 흐느끼는 바람소리만 맴돌고 있더이다

어머니 사랑합니다

할머니의 젖가슴

맵디 매운 땡볕에 청양고추가
빨갛게 익어가는 한여름

대청마루에서 부채로 더위 식히던
모시적삼에 말갛게 얼비치던 할머니의 젖가슴

어둠 내리면 모깃불 모락거리는 평상 위에 앉아
여름 살은 풋살이라며 웃통 벗은 민둥가슴엔
까만 수박씨 두 개가 반짝 빛나던 부끄러움

찜통더위에 온 종일 윙윙거리는
에어컨 실외기의 목쉰 소리 거칠어지고

열대야 기록 갱신에 웃통 벗고 밤을 뒤척이는
할머니의 세월을 닮아가는 손녀딸의 뻔뻔함

창틀에 걸터앉은 달빛의 음흉한 미소에
눈 흘기며 등 돌아눕는 은발의 여인

고향집

아들 바라기 하시던 어머니
하얀나비 등에 타고 떠나신 지 삼 년

무쇠 솥 걸린 아궁이 속
솔가지 타오르는 불꽃에 아른거린 맵디매운 삶의 애환
부지깽이로 뒤적이며 속울음 삼키시던 애잔했던 모습

비 오는 날이면 논배미에 개골개골 개구리 떼창 소리
솥뚜껑에 김치 부침개 지글거리는 소리
꼴깍 침 넘어가는 소리

고샅에서 고무줄놀이 땅따먹기 숨바꼭질 하다가
허기져 달려와 정지 문 열면 소쿠리에 수북한 삶은 감자
보리개떡에 함박웃음 짓던 우리들

돌담 아래 주렁주렁 빨간 앵두 한 움큼 따다가 쐐기에
물려 비명 지르면
된장 발라 주시던 어머니의 따스했던 손길

장마철 끈적이는 그리움에 젖어 밤잠 설치며
고향집 추억을 덧칠해 본다

인간의 A/S 기간은

최신 냉장고 A/S 기간은 10년
에어컨은 2년
세탁기는 1년

인간은 몇 년?

조물주는 대답이 없다

혼불

해질녘
뒷마루 후미진 곳에 똬리 튼 놋쇠요강 위로
설핏 스쳐 지나가는 노을빛

할머니 삼베적삼에 흥건히 배인 딸 없는 외로움
손녀딸 등에 업고 동네 마실 다니시며
속 풀이 한풀이 하시더니 오뉴월 고뿔에
몸져누우시더이다

손때 절은 장독대 항아리 헛간에 괭이 호미
외동아들 자전거 바퀴 어루만지시고
질곡 같던 회한의 삶 뒤로하며 소풍 떠나시던
어스름 초저녁

기와지붕 위로 혼불이 날아간다
진혼곡이 흩날린다

하얀 국화 꽃 송이들 흐느끼며 작별 고하고
상두꾼의 상엿소리 마을 휘돌아 떠나던
음력 유월 초이틀

코흘리개 손녀딸이 여든 줄에 들어서서
해넘이 바라보며 독백을 한다

"인생은 찰라"인 것을

탯자리

장독대에 채송화 맨드라미꽃이 지키던 고향집

단풍잎 입에 물고 아장거리던 병아리 떼
멍석 위 햇볕 쬐는 빨간 고추 헤집으며
맵다고 콜록이고
손녀딸은 봉창 문 열고 앉은 할아버지 곰방대에
피어오른 담배 연기에 콜록인다
감나무 꼭대기에 할머니 젖꼭지처럼 말라 버린
홍시감은 까치 몫이고 다락방에 숨겨놓은
꿀단지는 귀한 손자 몫이다
부엌 살강 아래 딸그락딸그락 설거지는
어머니 몫이고 따르릉 자전거 바퀴에 매달린
식솔의 무게는 아버지 몫 이다

반세기 지난 요즘

뒷마당 우물펌프에 마중물 꼬리 잡고 올라온
지하수로 등목하며 깔깔깔 더위 쫓던 일곱 남매의 탯자리인
은행나무집 굴뚝엔 추억 머금은 침묵만
바람결에 흩날리고 있겠지

뒤척이는 신새벽 나룻배 타고 무지개 쫓아
소풍가신 부모님을 그리며 형제자매 하루하루
무탈하길 소원해 본다

합격통지서

매미 애벌레는 7년
두더지는 평생 어둠을 파먹으며 살아가고 있다

꿈과 희망과 푸른 하늘 껴안고 잔디밭에 뒹굴며
깔깔깔 웃음소리 구름타고 날아야 할 청소년기
입시란 감옥에 갇혀 12년을 책만 파먹으며
지내고 있는 아이들

땡볕에 비지땀 흘리며 기어오르는 담쟁이 넝쿨처럼
달빛 별빛 손잡고 올라가는 높다란 입시 벽
비바람에 미끄러져 흐느낄 때도
눈보라에 꽁꽁 얼어 넘어질 때도 툴툴 털고
오뚜기처럼 일어나더니

어둠 걷힌 아침
까치가 물고 온 합격통지서에
그렁그렁 미소 짓는 손녀딸의 해맑은 얼굴

꿈과 희망이도 활짝 웃습니다

온 집안에 웃음꽃이 피었습니다

아버지의 목소리

정월대보름날 둥근달 쳐다보며
당신과의 마지막 작별을 고하던
나이를 훌쩍 넘긴 딸이 기억 저편의 음성을
소환해 봅니다

앞마당 감나무에 주렁주렁 매달렸던 떫은 감
햇살 먹고 실하게 익어가더니 병충해에
끙끙 앓다가 천수 누리지 못하고 담장 아래
풀 섶에 툭 내려 눕는다

고향 살던 자식들 모두 불러 앉혀 놓고
객지 사는 셋째딸 그리워 그리워서 부르시던
목소리가 부고장이 되던 날
꺼져가는 촛불심지에 촛농으로 얼룩진 목소리
"영희야 얼른 오거라 보고 싶다"

그득 고인 눈물 가슴에 여미고 친정집에 도착하니
버선발로 반기시던 아버지 목소리 대신 형제자매
곡소리가 서까래 붙잡고 흐느끼고 있더이다

날아가는 새도 불러 먹이시며

나눔을 가르쳐 주신 당신
그곳에서도 휘영청 밝은 보름달 보며
귀밝이술 나누며 잘 지내시지요

보고 싶습니다 아버지

시누이 사랑

문풍지 파르르 떨던 단칸 셋방에서 가난을
삼키며 함께 살았던 유학 온 셋째 시누이

세월 지나 재직하던 학교에서 정년퇴임 하고
손녀딸 재롱 보며 알콩달콩 지내고 있단다

늙어가는 오빠 올케 그리며 철따라 보내온
굴비 물외장아찌 파래가 도착하는 날이면
서해안의 갯내음 황토밭에 풋내음으로
삭막했던 집안에 꽃등이 켜진다

식탁 위 노릇노릇 구워진
굴비에서 피어오른 시누이 사랑 내음
젓가락 두 짝이 마주보며 빙그레 웃는다

명함

금혼식 지난 여인에겐 여러 개의 이름이 있다

아내 맏며느리 엄마 올케 아주머니 할머니로만
불리었던 실종되어 버린 내 이름 석 자

개성 강한 종갓집 식솔들 열두 폭 치마폭에
감싸 안고 지내 온 인고의 세월

무지랭이로 지내온 시간 속 걸어온 발자국마다
방울방울 사리되어 신념의 마술로 피어난
고딕체 이름 석 자

시인이란 벼슬로 명함에 새겨져 품에 안기던 날
신의 축복 받은 내 생애 최고의 날

거실에 다소곳이 피어있던 핑크빛 서양란은
날개 활짝 펴고 덩실덩실 춤을 추고
앞마당 까치 비둘기는 박수를 보낸단다

글 쓰는 재능을 물려주신 부모님께 감사드리며
길동무가 되어준 보물 1호인 너를 액자에 넣어
하늘 벽에 걸어두고 싶구나

부부란

숙명이라는 이름표
가슴에 달고
삼등열차 난간 붙잡고
꼭짓점 없는 아지랑이 아른거리는
기찻길을 묵묵히 달려가고 있는
인생 여정의 동반자다

4

연둣빛 바람이
손깍지 끼고
함께 가자 한다

입춘

겨울 산에 묵묵히 서 있는 앙상한 나무들
매서운 한파에 아린 손끝 호호 불며
삼동 잘 이겨 내고 연둣빛 바람 마른가지 스치니
꼼지락 봄을 틔우고 있다

한파주의보를 문자로 보내는 호들갑에
빼꼼이 문틈 사이로 엿보니
입춘이 금빛 햇살에 언 발 녹이며
자박자박 걸어오고 있다

대지의 생명들 기지개 펴며 심호흡하니
적막했던 나뭇가지에 물오르는 소리 요란하고
직박구리와 까치는 샛바람 삼켜가며
봄노래 워밍업이 한창이다

산수유 매화 진달래 봉긋한 꽃망울
봄을 물고 흐드러지게 피어나면
동산엔 울긋불긋 꽃의 향연이 펼쳐진다

숲은 초록으로 흥건히 물들어가고
강남 갔던 제비는 입춘대길 물어오고
손녀딸은 대입합격통지서 목에 걸고
예쁜 보조개로 사뿐거리며 들어온다

연분홍 봄

황금빛 족두리 쓰고 연둣빛 치마 펄럭이며
환한 낯빛으로 걸어오는 연분홍 봄

벚꽃 길 걸으며
달콤한 꽃향기 한 움큼 입에 물고 오물거린다

참 상큼하다

벚꽃 그늘 아래
자전거 탄 아이들 깔깔깔 해맑은 웃음소리
젊은 연인들의 자지러진 웃음 소리
보행기 밀고 가는 노인은 히죽이 반웃음 짓는다

둑길에 흐드러진
개나리 진달래꽃 종종걸음으로
눈에 쏘옥 안기고
버들강아지는 바람결에 머리 헹구고
나는 바람결에 마음을 헹군다

벚꽃나무 아래 연분홍 자락 흩날리는
화사한 꽃비에 흠씬 젖어 보는 사월의 봄날이다

연둣빛 바람

달밤에 살금살금
봄의 빗장을 열고 들어오던
연둣빛 바람

개나리 진달래와 볼 부비며
사랑놀이 하다가
풀벌레 노랫소리에 깜짝 놀라
이슬 뒤로 숨는다

햇살 비추니 사랑 먹고 토실해진
꽃송어리 싱글벙글 피어나고
이 꽃 저 꽃 킁킁거리는

연둣빛 바람의 사랑놀이는 무죄다

봄날은 간다

봄이 출렁이는 동산에 만발한 진달래꽃
달빛에 얼비친 고운 자태에 아련한 그리움으로
사랑앓이 하던 반달

하늘 휘장 타고 내려와 진달래꽃 곁에 앉아
사랑가 부르며 고백을 한다
도도하던 꽃 이파리 얼굴 붉히며 살포시 안기니
동산에 환하게 켜지는 꽃등
이슬 찰랑이는 황홀을 마시며 주거니 받거니
사랑놀이 하다 보니 어느새 밝아 온 새벽
정표로 분신인 반달조각 저고리 섶에 여며 주고
그리움 가득 안고 떠나가는 작별의 아쉬움

봄비에 꽃 진 자리 사랑 깨물고 배시시
얼굴 내미는 연둣빛 여린 새싹

연분홍 치마가 봄바람에 휘날리더라~~

초록동산엔 "봄날은 간다" 노래 소리가
홍조 띤 마알간 미소로 흩날리고 있다

오월 속으로

푸르름 우거진 오월의 숲

초록 계곡 물 소리 밟으며 오르는 등산길에
산새들 날갯짓하며 푸드득 반기고
나무 아래 검불덤불 헤치고 올망졸망 키재기 하며
피어난 야생화는 볼그레 예쁨을 뽐내며 마음을 훔친다

가파른 비탈길 오르다가 바윗돌 만나면 빙 돌아서 가고
가시덤불 만나면 사부작사부작 헤쳐 가며 걸어간다

정상에 올라 배낭 속에 웅크려 있던 어두운 기억들
파란 하늘에 날려 보내고 아카시아 꽃향기
꾹꾹 눌러 담아 내려오는 하산 길에 콧노래 부르며
따라오는 청순 발랄한 오월의 신록

산딸나무 꽃이 하얗게 웃는다

영산홍 꽃잎

추위에 꽁꽁 묶여 베란다에서 칩거하던 영산홍
봄앓이 하며 잔기침 하더니 햇볕 끌어 모아
입춘 딛고 일어서서 기지개를 켠다

창 너머 새들의 지저귐 소리에 화사하게
봄을 터트린 연분홍 영산홍
예쁘다 어루만지니 가슴팍에 안겨
달콤하게 교태부리며 꽃 마음 주는 것도 잠시

달빛별빛 흔들어대니 낙하한 꽃잎
팽그르르 허공을 맴돌다가 그늘진 구석에 앉아
허무 삼키며 지긋이 명상에 잠긴다

운수 대통하여
식탁 위 유리수반 물위에서 화들짝 방글거리는
연분홍 영산홍 꽃잎

봄을 기웃거리던 벽에 걸린 액자 속 노랑나비
꽃잎 위에 살포시 내려앉는다

유월이 오면

유월이 오면
녹음방초 우거진 그곳으로 가자
산새들 우짖는 그곳으로 가자
맑은 바람 마시러 그곳으로 가자
몸과 마음 씻기우는 그곳으로 가자
오욕칠정 내려놓고 그곳으로 가자
우리 모두 초록으로 범벅이 된
숲으로 가자

유월의 숲은 우리들의 요람이다

자운영 꽃

오월엔 자줏빛 바람이 분다
들판에 출렁이는 물결로 철썩이던
자운영 꽃무리

어미 소 따라 마실 나온 송아지는
꽃무더기에 얼굴 묻고 킁킁거리다가
쌩긋 한 입 베어 물고 하늘 쳐다보고
엄마 따라 마실 나온 소녀는
자줏빛 꽃 한 움큼 손에 쥔 꽃다발로
봄을 흔들며 콧노래 부르고

망태기에 꾹꾹 담긴 허기진 세월
여린 잎 뚝 따 된장에 버무려 헛배
채워 주시던 자애로운 손길

자줏빛 바람으로 머리감고
달빛으로 빗질하면 하얗게 흘러내리는
애달픈 그리움

흐드러지게 핀 자운영 꽃
눈부시게 일렁이는 오월이 참 곱다

매미

작열하는 태양 볕 아래

굼벵이로 태어나 땅속 어둠 파먹으며 지내다가
청명한 날 하늘 우러르며 허물 벗고 나와
가로수 잎사귀에 매달려 애간장 끓는 사랑가로
맴맴맴 매앰~ 짝을 부르는 뜨거운 절규

열대야에 칭얼대며 달빛 그림자에 기대어
목울대 높여 구애하는 매미들의 떼창 소리에
여름은 여물어가고
배롱나무 보랏빛 꽃잎도 흥건히 땀에 젖어
분수대 물보라로 더위 식히는 팔월
태극부채 손에 들고 아침 햇살 밟으며
동네 한 바퀴 산책길에

사랑 갈구하던 울음 내려놓고 진이 빠진
몸뚱이로 신작로에 나뒹굴던 매미 한 마리
구둣발에 밟힐세라 풀숲으로 보내니
생의 미련 등지고 게슴츠레 작별을 고 한다

굵고 짧게 살다간 그대
아등바등 동상이몽으로 살아온 나의 삶에
반성문을 써 보는 하루다

어느 여름날

에어컨 실외기 목쉰 소리 매미 떼창 소리에
타들어가는 여름날

돌고래 분수대 싱싱한 물줄기에 첨벙첨벙
더위와 숨바꼭질 하던
개구쟁이 아이들 웃음소리 하늘을 날고
뙤약볕에 축 쳐진 가로수잎사귀 기웃거리는 냉기서린
백화점 출입문으로 손바닥으로 태양을 가리던
더위에 지친 사람들이
밀물처럼 쏠려 들어간다

열대야 식히는 달디 단 소낙비는 자분자분 더위 물어가고
금세 비켜가는 먹구름 사이 해맑게 씻긴 나뭇잎 사이로
생긋 내미는 보름달
달빛에 걸린 그리움 조각들이 고요를 흔들어 밤을 뒤척이면
어둠을 켜고 앉아 원고지에 푸념 섞인 하소연을 해 본다

더위 마신 여름이 양 손에 태극부채 들고 휘적휘적
마실가듯 구릉을 넘어가고 있다

비둘기의 여름나기

한여름
햇볕 쨍쨍한 역 광장에서 먹이 찾아
두리번거리다가

축 처진 날개로 마른 숨 할딱이며
폭염 가르는 무지개빛깔 분수대 물줄기에
몽땅 젖어 까르르 웃는 아이들과 첨벙첨벙
여름을 식히는 도시의 집비둘기

초록바람 일렁이는 숲속 그늘에서
야생화 꽃잎 입에 물고 오수를 즐기다가
졸졸졸 계곡물에 발 담그며
여름을 식히는 멧비둘기

별 총총한 숲속 그리워하는 집비둘기
네온 불빛 반짝이는 도시 그리워하는 멧비둘기

구구국국구 구구국국구 남의 떡이 더 커 보인다

추어탕

논배미 도랑에서
친구들과 질펀하게 숨바꼭질 하다가 덥석 잡혀 와
함지박 속에서 흰 구름 바라보며
나 고향으로 돌아갈래 외치던 찰라

굵은 왕소금 세례에 시퍼렇게 날뛰며
살려 달라 애원하다가 하얀 거품 입에 문채
지그시 눈을 감고 맑은 도랑물로 돌아가는
가녀린 숨소리

식당 앞 가로수에 매미들만 매암매암
구슬프게 애도를 표한다

빵빵한 에어컨 바람 속으로
꾸역꾸역 몰려드는 더위에 지친 사람들

뚝배기에 보글거리는 추어탕 속으로
스며드는 송골거리는 땀방울
입가심으로 튀김 베어 물고 행복한 미소 지으며
여름을 이겨내는 그들

폭염과 열대야에 방전되어 버린 기력
오늘은 추어탕이나 한 뚝배기 하러 가봐야겠다

한가위 날

풍년을 소원하며 둥근 보름달 머리에 이고
사뿐사뿐 걸어오는 추석 명절

들판에
고추잠자리 가을바람 마시며 종횡무진 날고
낭창거리는 벼이삭과 고추 참깨 고구마 호박은
추수를 기다리고
탱자나무 울타리 안
과수원에 주렁주렁 사과 배 대추 단감은 농염하게
이쁨을 뽐내고 있다

초가지붕 위 달덩이 같은
하얀 박은 소담스럽게 익어 가고
뒷마당 장독대 옆 황토화덕 숯불 위에 솥뚜껑
엎어놓고 돼지기름으로 지글지글 보름달 닮은
부침개 만들면 고소한 냄새 담 넘어 고샅길 날고
앞마당 윷판 위에 왁자지껄 구르던 함성 소리
솔 향내 배인 송편으로 한여름 고단함을 달래던
풍요롭던 소싯적 추석 명절

요즘엔 맛집으로 소문난 시장 떡 가게 전 가게

앞에 보름달 사러온 길게 늘어선 사람들

올망졸망 사랑보따리 그리움보따리 가득 담아
고향 가는 길에 고속도로 휴게소가 효도로 붐비는
민족대이동의 한가위 축제날이다

가을이 오면

서늘한 바람이, 코스모스가,
풀벌레 노래 소리가 가슴을 설레게 한다

돌담 옆 대추나무 아래
수북이 떨어진 가을 주워 한 입 깨물면
풋풋한 달콤함에 올라가는 입 꼬리

국화꽃향내 번지는 앞마당
멍석 위에 빨간 고추는 햇볕에 바싹 야위어 가고
빨래 줄 위에 참새 떼는 가을 물고 재잘거린다

은빛 억새꽃 너울거리는 달 밝은 밤
한 송이 언어의 꽃을 피우기 위해 달빛에 기댄 채
혼을 사르면 영롱한 사리로 피어난 시어
주섬주섬 꿰어 억새바람 오르는 하늘가에 걸어 둔다

노을빛 물들어가는 삶의 여정에
몸과 마음 토닥여 주는 네가 있어
누리는 노년에 호사

올가을엔 탱글탱글한 시어 풍년
오곡백화 풍년의 풍악소리만 울렸으면 좋겠다

숲 속 풍경

푸르름이 깡총거리는 숲 속 마을
가지마다 새싹 돋아 햇볕 바라기하고
천적 피한 꼭대기 새둥지엔 먹이 나르는
어미새의 분주한 날갯짓

야생화는 푸른 하늘 마시더니
노랑 연분홍으로 생글거리고
등산객들은 피톤치드 아카시아 향기 야금야금 깨물며
왁자지껄 웃음기 밴 발자국만 남기고 간다

짙은 청록빛 더해지는 여름이면
뜨거운 태양 아래 무성해진 잎사귀들 초록끼리 어우러져
신명나게 지내다가 시간이 흔들며 지나가니
울긋불긋 단풍으로 채색된 수채화로 가을의 마법에
빠져드는 숲속 정령들

능선에 억새꽃 하얀 그리움으로 서걱일 때면
세월에 그을려 수척해진 나무들은 한 잎 두 잎 마른 잎
떨구며 콜록콜록 하얀 외투 입고 동면에 들어간다

갈맷빛 하늘이 앙상한 겨울 숲을 끌어안고 있다

낙엽이 우수수

가을이 떨어진다
쓸쓸함 껴안고 바람과 구르다가
길모퉁이 담벼락에 기대앉은 마른 낙엽

휘파람 불며 지나가는 사람도
세월 물고 지나가는 강아지도
두둥실 흰 구름도
잠시 눈길 머물다 가는데
시간만 쫓기듯 스쳐 지나가고 있다

이슬 젖은 갈색 낙엽
측은지심 눈빛으로 바라보지 마라
언젠가는 너희들도 계절을 삼켜 가며
낙엽이 될 테니까

겨울 산에 눈 내리면

벌거숭이로 지내던 숲속 나뭇가지에
소복이 내려앉은 겨울 꽃 흔들며 지나가는
찬바람 소리 뿐

산새들은 소나무 둥지에서 적막 쪼며 추위 삼키고
고슴도치 다람쥐 산짐승들 추운 떨림에 낙엽 덮고 동면 하니
차가운 정적만 맴돌고 있다

간간히 들려오는 헝클어진 마음 벗으러
가파른 산길 오르는 등산객의 가쁜 숨소리 뿐

아파트 마당에 눈 오면
아이들은 털장갑 끼고 눈사람 만들어 키 재기하고
까르르 웃음꽃 뭉쳐 눈싸움하면
이마에 송골거리는 땀방울 은빛바람이 닦아 주는
와자지껄 정겨운 겨울 꽃 잔치 한마당

눈이 귀한 울산 사는 개구쟁이 외손자에게
겨울 꽃 활짝 핀 풍광 동영상으로 선물하는

눈부시게 행복한 눈 오는 날이다

겨울을 털어내다

밀폐된 공간에 꽁꽁 갇혀 있던 수북이 쌓인
차가운 먼지들

봄맞이 하려고 햇볕들인 창문 열고 솜이불
담요 탈탈 겨울을 털어내니
고독으로 뭉쳐 있던 우울함이 줄행랑을 친다

찬바람 들락거리던 앙상한 나뭇가지에
따스한 햇살 어루만지니 살포시 실눈 뜨는
여린 잎사귀

여린 새싹 반기는 멧새의 청량한 노래 소리에
꼼지락 깨어나는 꽃봉오리

개나리 목련 동백꽃으로 화사해진 봄을 보니
지끈거리던 두통도 뻐근하던 어깻죽지 통증도
사라져 간다

파란 하늘자락 찰랑이는 오후
연분홍 모자 눌러쓰고 안양천 둘레길 꽃구경 가는
하얀 운동화의 가벼운 발걸음

연둣빛 바람이 살며시 손깍지 끼며 함께 가자 한다

5
나만의 장난감을
언제까지 만들 수
있으려나?

삶이라는 파도타기

삶이란 출렁이는 파도타기다

뜬금없이 불어 닥친 바람의 강약에 울고 웃는
삐에로 되어 허공을 가르는 춤을 추며
살아가는 우리들

고요 속 평범한 일상을 꿈꾸는 노년의 하루하루

글로브 낀 주먹으로 짹과 강펀치 난타하는 듯한
통증에 육신은 휘청거리고 피폐해져 가는 정신에
심장과 뼛속은 까맣게 타들어 간다

해풍에 삭아 내린 고목나무 상처는
꽃바람 도포제로 연명해 가는데
가쁜 숨 몰아쉬며 후들거리는 노년의 허무함 보듬고
향하는 곳은 십자가 불빛 뿐

앞마당 바지랑대 위에 고추잠자리
우수에 찬 눈빛으로 노을을 마시고 있다

거기 누구 없소!

해무 자욱한 갯벌에 갇힌 낡은 목선엔
목쉰 바람만 들락거리고 있다

우주를 거머쥘 듯한 푸르던 시절

꿈과 희망 가득 실은 범선에 펄럭이던
초록 깃발은 세파에 찢겨져 나뒹굴고
해초에 엉킨 그물에 가득 찬 근심걱정 꾸러미만
걷어 올리는 창백한 숨소리

갯바위에 부딪치는 하얀 포말 속 거친 풍랑에
뿌리째 뽑혀 혼비백산한 꽃 산호의 각혈하며
울부짖는 울음소리가 허공을 찢는다

등대불만 파닥이는 쓸쓸한 포구에
비루해진 몸뚱이로 어슬렁거리는 갈매기 한 마리

거기 누구 없소!

소금 꽃

갈매기 등에 태우고 고래 떼 쫓던 바닷물
소금 꽃 유혹에 염전 저수조에 갇혀
하늘바라기 하다가 바람과 손잡고 수로 건너와
네모난 염판 위를 맨발로 뛰어 다닌다

둑 너머 뻘밭에선 짱뚱어 농게 첨벙거리며 술래잡기 하고
함초 향내 배인 염판에선 고요 머금은 바닷물이
해풍과 햇볕에 익혀져 하얀 소금 꽃으로 피어난다

땡볕에 염부의 가쁜 숨 타고 돌던 수차의 풍광은
전설이 되고 후쿠시마 원전 오염수 방출 소식에
황금 왕관 쓴 소금이 거들먹거리는 요즘

햇빛 창창한 여름날
옹기 널벅지에 바닷물 퍼 담아 아파트 옥상 위에 놓아두면
하얀 소금 꽃이 피어나지 않을까?

오늘도 소금으로 양치질 하며 하루를 헹구어 본다

나만의 장난감

어둠 베고 누워 뒤척이다가
고요 밟으며 살금살금 달아나는 잠꼬대

부스스 일어나 마음 곳간에 켜켜이 쌓인 시어 꺼내
한 땀 한 땀 꿰매어 꿈과 소망이 담긴 장난감을
만들어 본다

어릴 적 강가 모래밭에 앉아 만들던 두꺼비집
개구쟁이 바람이 툭 치고 달아나면 다시 만들고
하얀 파도가 꼬집고 달아나면 다시 만들 듯

온종일 혼과 숨 불어 넣으며
어르고 달래어 빚어낸 벌 나비 꽃숭어리들의 향연

해질녘 활자들의 놀이터인 원고지 위에서
하품하며 선잠을 자는 그들

내일은 산꼭대기 올라가 장대로 달을 따서
우리 집 처마 끝에 매달아 놓고
양탄자 타고 세계여행이나 떠나 보자

나를 닮은 시어로 만들어진 나만의 장난감을
언제까지 만들 수 있으려나?

행복을 줍는다

맵찬 바람에 덜컹거리는
아파트 베란다 화분 속
로즈마리 영산홍 군자란 제라늄

햇볕 목에 두르고 추위 삼켜가며
오돌오돌 지내다가
달빛 별빛 사랑으로 어루만지니
봄을 터트린 알록달록 꽃님들

봄비 방울방울 창문에 매달려
힐끗 꽃숭어리 훔쳐보고
봄바람은 쌩긋 미소 지며 간다

온기 그리운 썰렁한 집안에
향긋한 향기로 생기 가득 채워 준 봄꽃들

꽃 이파리 눈으로 만지작거리며
오늘도 행복을 줍는다

꽃무늬 양산

폭염 속 들끓는 태양 볕 가림막 되어 주는
알록달록 꽃무늬 양산

아스팔트 위 아지랑이 피어오르고
여인들의 발자국 따라 싱그럽게 피어나는
꽃이파리

매미 울음소리 양산 속으로 숨어들면
꽃중년 여인은 땡볕 앞세우고 콧노래 부르며
꽃동산에 꽃구경가고
노인은 팔자걸음 앞세우고 세월 휘저으며
노인정에 동양화 그리러 간다

희뿌연 매연과 소음 헤치며 도시를 배회하다가
뉘엿뉘엿 해넘이 바라보며 뒤뚱거렸던
오늘을 살포시 접고

화장대 위 라벤더 향수병에 등 기대고 앉아
불볕에 얼룩진 하루를 크린징 크림으로
지우고 있는 꽃무늬 양산

곡예사의 외발 수레

우주를 어우르는 우렁찬 목소리로
탯줄 목에 걸고 두 주먹 불끈 쥔 채
태어난 갓난아기

연둣빛 새순 같은 여린 손가락 발가락이
꼼지락 엄마의 심장을 움켜잡는다

젖가슴에 살포시 안겨 샛별 같은 눈 마주치면
점술사 되어 미래 퍼즐을 맞춰 보던
행복했던 순간들

곡예사 외발 수레 줄타기 하듯 위태로운 세상살이

정글 속 무성한 수풀 헤쳐 가며 길 만들어 주고
사납게 포효하는 야생동물 맨몸으로 방어하며
칠흑 같은 어둠속 경광등 되어 길잡이 해주던 에미

하얀 초승달 롤러코스트 타며 보름달 되어 만물
끌어안더니 삶의 무게 버거워 등 굽은 그믐달 되어
서산마루 턱 끝에 걸터앉아 있구나

잡풀 속 폐타이어가 씨익 웃고 있다

별을 따는 여인

푸르던 시절
꿀이 뚝뚝 떨어지는 눈 마주치며
하늘의 별도 달도 따준다는 속삭임에
영혼까지 내어준 그녀

살다보니 어르고 달래도
안개 속으로 줄행랑치는 사랑 사랑 사랑
꽝 꽝 꽝 발밑에 수북이 쌓인 로또 복권의
허풍에 누더기가 되어 버린 파아란 꿈들

어둠이 출렁이는 바다 위에
촘촘히 떠 있는 별무리
낚싯대로 별을 낚는 인어아가씨
줄줄이 낚여 와 달빛에 꿰어 용궁 동쪽
소슬대문에 매달아 놓으니 사랑가로 물든
바닷물이 덩실덩실 춤을 추는 밤

별을 물고 날아가는 학 한 마리
뒤따라가는 바짝 여윈 그믐달

동네 한 바퀴

어둠에 갇혔던 오늘이 동 트니 기지개를 켠다

천고마비 청명한 가을햇살에 어제 산 운동화 끈
질끈 동여매고 단풍과 손잡고 동네 한바퀴
나들이를 나간다

길가 돌담 아래 구절초는
소담스런 새하얀 꽃잎 하늘거리고
핸드폰가게 옆 빵가게의 고소한 냄새에
입맛 다시는 행인들
커피숍 창틈으로 새어나오는 커피향 배인 수다와
깔깔거리는 웃음소리는 젊은이들 발길 붙잡고
과일가게엔 단감 사과 배 포도의 새콤달콤한
맛 잔치가 한창이다

옷가게 쇼윈도에 비친 갈색 원피스는
여인의 마음을 훔치고
떡볶이 집에 모락거리는 맛난 냄새는
하교 길 아이들의 마음을 훔친다
가로수 아래 쓸쓸하게 뒹구는 세월에 찢겨진
낙엽 바라보며 하얗게 웃는
노인의 미소에 따라 웃는 낮달

울긋불긋 가을 주워 마음 갈피에 담아 보는
즐거운 동네 한 바퀴 나들이였다

옥색 커플링

해와 달과 별 그리고 구름과 비와 꽃은
나의 말벗인 영원한 친구다

불면증으로 밤을 뒤척이는 노인의 반복된 푸념에도
손사래 치지 않고 함께 웃고 울어 주며
등 다독여 주고 눈물도 닦아 준다

긴 겨울 밤
창 넘어 들어온 보름달이 핼쑥해진 얼굴 보며
요즘 아픈 곳은 없냐고 안부를 물으며
손가락에 옥색 커플링을 끼워준다

오늘도 원고지에 수북이 쌓인 푸념보따리 깔고 앉아
벌 나비 물고 온 시어로 주거니 받거니 건배하며
존재 이유를 각인시켜 주는 그대들이여

영원무궁 불로장생 하거라

양파

땡볕 작열하는 황토밭에서
갯내 배인 초록바람 마시며 실하게 여물어가는
매콤 달콤함이 매력적인 무안 양파
껍질 벗은 하얀 속살로
약방에 감초처럼 요리마다 참견하여
입맛 돋게 하는 식탁 위에 불로초인 그대
베란다 한켠에서 블라인드 사이 얼씬거리는
바람 한 움큼 베고 누워 뒹굴뒹굴 오수를 즐기는
하양 빨강양파들

금년엔 가뭄으로 금값이 된 도도함에
상전으로 모시는 양파 아닌 금파

껍질은 말려서 차로 마시는
모든 것을 내어주는 네가 있어
지구인들은 행복하구나

6
이 풍진 세상
해맑은 눈망울로
눈부시게 지내다가

이 풍진 세상

가을비에 촉촉이 젖은 가로수길
플라타너스 나뭇가지에 갈색 옷 갈아입은 나뭇잎

이 풍진 세상 연둣빛 해맑은 눈망울 말똥이며
눈부시게 지내다가
윤회 기약하며 축 처진 눈꺼풀로 허공을 가르며
목숨 내려놓는 마른 잎사귀들

꽃샘추위에 잿빛 하늘 머금고
길모퉁이 담벼락 아래 웅크린
수북한 낙엽

새하얀 구절초 꽃 흐느끼는 해질녘
허무 베고 누워 바스락 흙으로 돌아가고 있구나

찬바람 여미며 지팡이에 의지한 통증과 동행하고
명의 찾아 방방곡곡 전전하는 노인

진료카드 모시고 병원 문지방 들락거리지 않고
묵묵히 순리에 순응하며 자연 속에 묻혀
흙으로 돌아가는 너희들의 삶이 부럽구나

인생

인생은
비포장도로 위에 상장된 주식 시장이다
덜컹덜컹 출렁거리며 상승과 하락의
널뛰기가 반복되니까

표정

재활용 분리수거 날이면
음지에 웅크린 잡동사니들이 햇살 보듬고 나와
켜켜이 쌓인 동료들 비집고 자리매김을 한다

세월이란 화살에 맞아 금이 간 거울
햇살 눈부셔 떡갈나무 잎사귀로 하늘 가리고 앉아
힐끔거리며 지나가는 사람들의 관상을 본다

젊은 새댁의 싱글벙글
장미꽃 사랑 머금은 볼그레 홍조 띤 표정

중년 여성의 아등바등 근심걱정 돌돌 말아
색동치마연에 실어 날려 보내고
자신감 넘치는 활기차고 중후한 표정

노인의 만고풍상 겪으며 쭈글해진 마음 쭉 펴고
하늘 우러르며 허탈하게 웃는 표정

꽁지 빠진 멧비둘기 일그러진 표정 보며
갸우뚱갸우뚱

금이 간 거울에 핑크색 반창고를 붙이면
고운 얼굴로 비춰질까?

분리수거 트럭의 땡땡땡 하루를 접는 소리에
정갈해진 몸과 마음이 말갛게 웃는다

지하철 역 광장

엄동설한에
분수대 물줄기 동면에 드는 스산한 지하철 역 광장

부스스 해진 깃털 바람으로 빗질하고
구구구구 노래하며 모여드는 비둘기 떼
양지바른 벤치에 앉아 외로움 녹이던
노인에게 힐끗 눈인사 하고

햇볕에 언 발 녹이며 기지개 활짝 펴고
일광욕 즐기더니 달구어진 공기 쪼며 수다 삼매경이다

지하철 역 출구에선 만 가지 사연 안고 쏟아지는 인파
추위에 움츠러든 발자국만 남긴 채 무표정한 걸음으로
하얀 바람 스치며 지나가고 있다

광장 후미진 곳에
햇볕 끌어안고 노점 좌판에 생을 기댄 노파의
허기진 한숨 소리
벙거지 눌러쓴 상인이 내려놓은 장난감 강아지는
우주를 뱅글거리며 행인들 눈길을 붙잡는다

해거름

전깃줄에 나란히 앉아 숨고르기 하던 비둘기 떼

노을빛 안고 안양천 갈대숲으로 날아든다

깃털 하나 팽그르르 허공을 맴돌고 있다

내 놀이터

오늘은 정형외과 내일은 안과 모레는 심장내과
글피는 내분비내과로 종종 걸음 하는 나날
병원이 내 놀이터인가?

새벽종이 울리면 눈비비고 일어나 생명줄 연장하러
밀물처럼 종합병원으로 밀려드는 세월에 부상당한 사람들
온갖 질병 꿰차고 명의 앞에 앉아 목숨을 구걸하는
애잔한 눈빛

처방전에 희망을 걸고 병원 문턱 나서니
119구급차가 숨 헐떡거리며 들어서고 있다

약봉지만 수북이 쌓여가는 요즈음

동창모임에 가면 돈 자랑 자식자랑 아닌 아픈 곳 자랑에
명의와 영양제 정보 공유하며 달달한 커피에 추억 휘휘 저어
무병장수를 건배한다

노견인 애완견 베베도 당뇨병 백내장 관절염 피부병에
밥맛이 없다며 투정을 부리고

삼복더위 열대야에 어깨 무릎 통증 모기까지 극성이니
달아난 잠이 약봉지 더듬으며 수면제를 찾고 있다

친구하기 싫다

하루를 설거지하고 거울 앞에 앉아
구겨진 마음과 주름진 얼굴을 토닥여 본다

비쩍 마른 체구로 버텨온 얼룩진 시간들

나이테가 늘어가니 신호등 불빛이 깜박거리듯
기억력이 깜박 거린다
가슴 속에 간직한 추억들이
한 닢 두 닢 지우개로 지워지며
망각 속에 이별을 고하고 있다

기억이란 창고에 그득 쌓였던
보물 같은 추억들이 하얗게 날아가 버린 날이 되면
찌그러진 영혼 유체이탈 되어
깜깜한 미로를 헤매다가 어느 낯선 항구에서
잃어버린 꿈 찾아 가겠다고 발동동이며 갈매기 등에
태워 달라고 투정부리지나 않으련지?

희로애락 추억이 지워지기 전에
양지바른 담벼락 아래 앉아 긴 막대기로
하늘 천, 땅 지, 검을 현, 누르 황
가갸 거 겨 고교 구규 써내려가며
사위어가는 기억을 붙잡아 보려한다

친구하기 싫다 치매랑

잠 잠 잠

불면으로 뒤척이는 저녁이면
푸른 목장의 양떼와 하늘의 별을 하품과 맞바꾸려고
손가락으로 헤이고 또 헤어 본다

꼬리에 꼬리를 물고 쫓아가 보지만
하얗게 달아나는
양떼와 별무리

잠을 부른다는
자스민 향수를 커텐에 적시니
창틈으로 들어 온 달빛이
베개에 나란히 눕는다

첫닭 우니
코를 골던 달빛은 부스스 일어나 구름 타고 가고
뒤척이던 나는 주섬주섬 시어를 담아 본다

오늘은 잠꼬대 껴안아 줄
푸바오 닮은 곰 인형이나 사러 가봐야겠다

한바탕 굿판

인생살이는 한바탕 굿판이다

장구 징 꽹과리 태평소의 무악소리에
오방 신이 내리면
작두 타고 하늘을 나는 만신의 굿판

할미 탈을 쓰고 탈춤으로
폐부 속 한 뿜어내던 민초들의 난장굿판

날선 세월 타고 허공을 종횡무진하며
해와 달과 별을 따려는 삐에로의
광기 어린 한마당 굿판

인생은 오욕칠정 엮어 솟대에 걸어놓고
난전에서 질펀하게 놀다 가는 한바탕 굿판이다

기침 소리

짙은 향수냄새 배인 요염한 웃음소리 찰랑이는
장미빛 은은한 조명아래

게슴츠레 달콤한 쾌락 벌컥벌컥 마시며
재떨이에서 피어오른 뿌연 연기에
숭숭 뚫려 버린 폐부

빨간 신호등의 경고음에도 야생마처럼 유흥가
골목누비며 호탕하게 지내던 탱탱한 영혼

저녁놀 사위어가는 황혼 길목에
문간방에서 어둠을 뒤척이며 뼈마디의 통증에
약봉지는 늘어가고 헐떡거리는 가쁜 숨소리
콜록거리는 기침소리에 파랗게 떨고 있는 문고리

파란만장한 생을 실은
구급차의 섬뜩한 불빛이
창문을 흔들며 지나가고 있다

지하철 손잡이

바삐 뛰는 발자국 소리에 전동차 문이 열리면
우르르 몰려드는 손님맞이하는 허공에 매달린
똘망한 손잡이

꿈과 희망을 꾹꾹 눌러 담은 노트북 어깨에
맨 청년들의 비몽사몽한 미래를 붙잡아 주고

삶에 지친 영혼도
사랑에 비틀거리는 눈물도 붙잡아 준다

정적 흐르는 침묵 속 핸드폰 더듬기에 무아지경인
무표정한 얼굴들이 객실 흔드는 안내 목소리에
주섬주섬 매무새를 가다듬고

총총히 빠져나간 텅 빈 객실엔 뒤엉킨 발자국에
주인 잃은 이어폰은 두리번거리고 술 담배에
절은 퀴퀴한 체취만 종횡무진 맴돌고 있다

가파른 모퉁이 휘도는 진동에 멀미하며
피곤함으로 범벅이 된 하루

전등불이 꺼지고 소음도 꺼지고 손잡이 눈꺼풀 감기니
지친 검은 날개를 접는 전동차

장생불사

이 땅에 장생불사하는 것은
천삼도 아니요
흑삼도 아니요
불로초도 아닌
초침 물고 굴러가는
황금빛 시간뿐이다

7

갈색 스카프에
국화꽃 향 숨어드는
해질녘이다

숨차다

행운의 여의주 물고 온다는 흑룡의 해

정이월 가고 삼월이 홍매화 머리에 꽂고
자박거리며 오더니 어느새 섣달 그믐날

허공을 맴돌며 메아리와 동행하는 시간은
동방의 샛별 같은 나침판과 맑은 눈동자
튼실한 다리도 없는 것이 넘어지지도
샛길로 새지도 않으며 잘도 가고 있다
깜깜한 밤길 거센 풍랑 일렁이는 바닷길도
눈 쌓인 협곡 산길도 맹수가 들끓는 정글도
거침없이 가고 있다

날선 세파에 일그러진 영혼

푸른 희망 거머쥐고 길을 가다가
암흑의 늪에 빠져 허우적일 때도
목울대에 걸린 설움 꺼이꺼이 삼켜가며
묵묵히 걸어가고 있다

쉬엄쉬엄 가거라
붉은 노을자락 너머 무릉도원 가는데
그리 바쁘게 가느냐
늙은이 너와 발맞추어 걷기에 숨이 차구나

인생길

천 갈래 만 갈래 길
걸어가는 우리들

동구 밖 과수원 길엔
새콤달콤 향내 그득하고

울퉁불퉁 인생길엔
근심걱정만 가득하다

등 굽은 여인

고독과 슬픔으로 얽히고설킨 질기고 질긴 삶
구멍 난 가슴 안고 그리움 향해 긴팔 뻗어
허우적이는 생의 어두운 그림자

파랑새 되어 우주를 떠돌던 붉은 영혼
허공 붙잡고 어긋난 생의 모퉁이 돌아가는
가쁜 숨소리가 파랗게 떨고 있다

굽이굽이 맺힌 설움 숙명으로 껴안고 가파른 비탈길
내려가다가 바위 아래 쭈그리고 앉아 숨고르기 하던
쇠락한 고라니 한 마리가 억새풀로 숨어드니

하얀 달빛 아래 새하얀 구절초 꽃이
조곤조곤 향기로 다독여준다

묵주 목에 걸고 그렁그렁 나이테 무게 끌며 십자가
불빛 향해 걸어가는 등이 굽은 여인

종탑에서 울려 퍼지는 종소리에 상처와 노여움 씻기니
굽었던 등이 펴지고 구겨진 마음도 펴진다

농해 버린 수박덩이

지구상에 생존하는 별만큼 많은 사람들의
행복과 불행이 톱니바퀴로 맞물려
재잘재잘 종종 거린다

열길 물속은 알아도 한 길 사람 속은 모른다고

예쁜 빛깔로 분칠한 과일은 벌레의 촉수로
단맛을 감별하지만 웃음으로 포장된 인간의 마음은
무엇으로 감별할 수 있을까?

상처 끌어안고 허공을 맴도는 창백한 영혼

삭아 버린 동아줄 만지작거리며
통통통 두들겨볼 겨를도 없이
농해 버린 수박덩이 되어 남은 숨 떨이로 안고
눈물 여미며 요양병원 향하는 지친 발걸음이 섧다

숨어들다

맑은 하늘에 쨍쨍한 햇볕은
과수원에 주렁주렁 능금나무에 볼그레 숨어들고
가을을 더듬으며 까르르르 메밀꽃 속에 숨어드는
아이들 웃음소리
황금들판 메뚜기는 낭창한 나락포기에 숨어들고
개울가 갈대숲에 하늘하늘 숨어 우는 바람소리
산새 노랫소리 타고 졸졸졸 떠내려가던 단풍잎은
강 어귀 수초 사이로 숨어든다

끼룩끼룩 본향 가던 철새 떼
산 넘고 강 건너 구름타고 노을 속으로 숨어들고
돌담 아래 흐드러지게 피어 있는
고독을 질경이며 걸어가는 갈색 스카프에 숨어드는
어스름 해질녘이다

인생사

덧셈 뺄셈은 정답이 있지만
우리네 인생사는
정답 없는 오답 투성이다

오늘도 하얀 낮달 허리에 두르고
정답 찾아 삼만 리

황구의 목줄

산장 후미진 곳에
풍경소리 벗 삼아 자유를 목줄로 옭아매고
지내는 황구 한 마리

계곡 흘러가는 초록 물소리 산새노래소리 들으며
지긋이 눈감고 묵언수행 중

산수유 산 벚꽃 흐드러진 나른한 봄날이면
꽃향기 베고 누워 산꼭대기 정복하는
시간 여행을 간다

흰 구름 바라보며 컹컹 짖는 소리
메아리 되어 따라오고

껑충껑충 바람개비 돌리며 산비탈에 정좌한
큰 바위 돌아 산 정상에 올라가서

푸른 하늘과 손잡고 춤을 추다가 낮달에 걸려
낭떠러지로 떨어지니 허공 붙잡고 허우적이는
일장춘몽이라

서쪽하늘 노을빛에 목줄 풀리는 날이면

유토피아에서 우주를 유람하는
방랑객의 삶을 누리거라

석별의 아쉬움

뜨거운 태양 볕 열기에
베란다 화분 속 관음죽 영산홍 율마 고무나무가
창 밖 하늘로 팔을 뻗어 바람을 부른다

열대야로 헉헉대는 저녁이면 수도꼭지에서
콸콸 쏟아지는 생명수 받아 마시며
초록 눈 반짝반짝 미소 짓던 잎사귀들

도시 매연에 탁탁해진 실내공기 피톤치드 내뿜어
청정공기 책임지겠다고 으스대던 그들의 호기에
박수를 보내던 여인

면역력 저하로 나무이파리 스친 팔뚝에
붉은 반점 우두두두 돋아나 피부과 전전하며
밤잠 설치다가 비우자비우자 방출을 결단한 생이별

연둣빛 여린 잎이 축복으로 곁에 와
십 수 년 동고동락하며 온종일 눈빛으로 어루던
스물세 그루의 나무들이
석별의 아쉬움에 글썽이며 문을 나선다

텅 빈 베란다엔 스산한 바람만 들락거린다

지우고 싶다

침묵하는 어둠의 틈새로 스며드는 달빛에
외로움을 말려보는 저녁

지우고 싶다 지우고 싶다

까칠한 삶의 발자국 흐느끼는 소리
마음 벽에 내리치는 마른번개 소리
잿빛 하늘을 찢는 심장의 비명소리

녹슬어가는 시간 속
비릿한 밤바람에 기댄 채 주문을 외고 있는
주름진 민낯의 여인

고독과 허무에 젖은 모래알갱이가
철썩철썩 파도에 씻겨가고 있다

삼재는 물러가고

핏빛 우박에 갈색 나뭇잎은 찢겨지고

날선 검을 입에 문 검푸른 파도가
하늘 우러르며 침묵하던 방파제를
할퀴고 물어뜯고 머리채 잡아 흔들어대니
얼빠져 피폐해진 영혼

속울음 삼키는 멍든 가슴 어루만지는
햇살 한 조각

희망 붙잡고 일어나 아픔과 슬픔으로
얼룩진 한 해를 배웅한다

새해를 여는 보신각 타종소리에
줄행랑치는 악귀들

삼재三災는 물러가고

새해 새아침 기쁨 희망 행복 가득 담은
둥근 해가 떠오르고 있다

검버섯

피었네 피었네 흑장미 아닌 저승꽃이 피었다네

탱글탱글한 시간 삼키고 나니 축 처진 볼에
세월 등에 업고 무단 입주하여 동거 시작한
불청객 검버섯

월세는커녕 피부과 진료비 명세서만 내미니
뽀드득뽀드득 세안으로 어루고 토닥토닥 분첩으로
달래 보아도 뽀로통 그림자 뒤에 숨어 있다가
까꿍 하고 배시시 웃는 숫기 많은 그 녀석

희끗희끗 서리 내린 머리칼은 염색으로 숨기고
거뭇거뭇 검버섯은 피부과에서 쪼글쪼글 주름살은
성형외과에서 시술하면 젊음을 되찾을 수 있을까?

인생의 늙어가는 흔적인 검버섯을 보며
모진 세월의 끝자락에서 불타던 청춘을 소환해 본다

노인정

정적만 흐르는 후미진 뒷방에서 기울어져 가는
청춘의 그림자 깔고 앉아 무념무상에 잠긴 노인

창 밖 파란 하늘이 산들바람이 손짓을 한다

몸빼바지에 운동화 끈 질끈 동여매고 눈부신 햇살 따라
현관문을 나서니 찰랑거리는 초록 초록한 내음

노인이 노인인 것을 망각하고
노인정을 손사래 치던 꼿꼿한 자존심
노인정 앞을 서성이며 생각을 비워내는 애잔한 발걸음

"내 나이가 어때서"
유행가 노랫소리 웃음소리
박수 소리가 문틈으로 흘러나오고 있다

어깨 통증

불청객인 어깨통증 싸매고 정형외과 들어서니
밤잠 설친 또래 노인들이 핼쑥해진 얼굴로
마른기침 삼켜 가며 전광판만 바라보고 앉아 있다

엑스레이 판독으로 장황히 설명하는 생소한 병명에
콩닥거리던 심장이 멀미를 한다

석회 낀 양쪽 어깨로 무단 침입하는 굵은 주사바늘의
횡포에 어금니가 바스러지는 비명소리

쌈지 속 꼬깃꼬깃 구겨진 지폐 다림질하면 환생하듯
세월에 그을린 오장육부 뼈 마디마디 알코올에 헹구어
햇볕에 말리면 말갛게 피어날까?

얼마면 되겠니, 청춘아!

통증에 시달린 노인 어둠 붙잡고 횡설수설이다

인명은 재천

오늘 날씨
체감온도 영하 22도
냉장고 냉장실 온도 영상 3도
냉동실 온도 영하 18도
내 마음 온도 영하 50도

매서운 한파에 얼어 버린 시간들

코로나 후유증으로 헐떡이는 가쁜 숨
산소호흡기 흡입으로 달래며 지내는 남정네

장애인 등록증 목에 걸고 콜록거리며
목숨과 맞바꾼 약속으로 외출 채비에 분주하다

앙칼지게 만류하는 목소리 뿌리치고
현관문 나서는 구부정한 뒷모습

119 구급차 사이렌 소리
환청이 심장을 옥 죄인다

그래,
인명은 재천이라 운명에 맡길 수밖에

평설

추억의 보물찾기에서 출발하여 새로운 나를 찾기까지의 시적 여행

민윤기(시인, 문화비평가)

1

　나는 전문적인 문학평론가는 아니라서 웬만하면 시집의 평설을 쓰는 일을 자주 하지 않는다. 시인이 그 시집을 내기까지 얼마나 많은 세월과 시적 경험과 공력功力을 들였을까를 생각하면 짧은 시간에 시집에 실린 시를 읽고 평가할 수는 없다고 생각하고 있다.

　평설이란 수록된 시의 배경이나 경향을 소개해 주고 그 작품이 지니는 의미를 살펴 주는 데서 시작한다. 아무래도 작품 평가를 곁들인 리뷰, 시적 기술과 주제, 문학적 완성도 같은 점들을 쓰는 일은 문학평론가가 전문가이다. 평설은 한 권의 시집에 한 편만 실리기 때문에 평설을 제대로 쓰지 못하면, 그 시인의 시집을 망치게 되리라는 부담감도 없지 않았다.

　그런데도 시문학지를 발행하는 일을 하다 보니 내가 발행한 매체로 등단한 시인, 또는 거절할 수 없는 개인적

인연으로 몇 번 평설을 쓴 적이 있었고 앞으로도 그럴 것 같다. "평설은 전문가인 문학평론가에게"라는 신념을 꺾은 건 물론 아니다. 다만 시집을 내는 시인과 그의 시를 꽤 오랫동안 지켜보았다는 점을 명분으로 평론가들의 고유한 영역을 침범하는 용감(?)한 일을 가끔 저지르는 셈이다.

평설을 부탁하는 시인을 만나면 나는 진심으로 말하곤 한다. "잘 써드려야 할 텐데요, 제가 써도 괜찮을까요?" 그러면 대부분의 시인들은 "써 주시는 것만 해도 감사하지요"라고 대답하며 덧붙이기를 "다른 시인들은 어떻게 생각하는지 모르지만, 제 시를 늘 보서 왔고, 열심히 읽어 주시고, 제 시에 대해 애정 어린 시선으로 사랑해 주시잖아요. 그런 점이 제일 중요하다고 생각해서 부탁드리는 거죠." 한다. 이 한 마디 말로 나는 그 시인에게서 동시대를 사는 문학적 동지로서 온기를 느끼게 되어 평설을 잘 써야겠다는 무거운 부담감에서 얼마쯤은 자유로워진다.

2

천영희 시인은 연둣빛을 사랑하는 시인이다. 연둣빛은 봄꽃이 피고 지고나면 온 세상은 연둣빛 세상이다. 영어로는 옐로-그린으로 불리는 이 연둣빛은, 그냥 머물지 않고 초록으로 발전하는 단계의 색이다. 연둣빛은 연약해 보이지만 강한 생명력을 지닌다. 봄에 꽃과 함께 돋아나는 새순이 연둣빛이다. 새순은 초록색 잎으로 성장한다. 그래서 연둣빛은 생명력의 상징이 되기도 한다.
 천영희 시인은 2015년에 펴낸 첫 시집『내 시는 연둣빛』'시인의 말'에 이렇게 썼다.

 봄볕에 아장거리며 나온 시 한 포기를 마른 가슴에 빛줄기 같은 아니, 수줍은 속풀이 같은 넋두리를 한 포기 풀잎을 가꾸듯 정성스레 심어 본다. 내 시의 숲에는 장미처럼 화사한 꽃보다 하찮은 잡초가 무성할지 모릅니다.

 이번 시집에서도 연둣빛을 사랑하는 시인의 마음은 크게 변하지 않았다. 아마도 연둣빛에 대한 사랑은 평생 변하지 않을 것 같다. 다만 '연분홍'이라는 한 가지 색이 추가한 작품이 몇 편 눈에 띈다. 연분홍을 이번 시집에서 호명한 것은 연둣빛에서 벗어나려는 것이 아니라 나이가 지긋해질수록 봄에 대한, 봄으로 상징하는 청춘=지난 날에 대한 그리움이 짙어진 때문으로 이해된다.
 천영희 시인은 이 시집 '머리말'에 쓰고 있다.

 내 시의 중심은 어릴 적 사고에 머물러 있다.
 초록이 넘실거리는 나주평야의 울퉁불퉁 들길에서
 맨발로 바람개비 돌리며 무지개 쫓던 소녀,
 자연을 벗 삼아 지냈던 추억들이 켜켜이 잠긴
 깊은 우물 속에서 달빛으로 길어 올린 시어들.
 청기와 지붕 아래 녹슬어가는
 삼천리 자전거 따르릉 거리며 시오리길,
 읍내 오일장에 나가 주막집에 들러 막걸리 한 사발로
 시름 달래고 초롱한 눈망울의 자식들과 식솔이

기다리는 생필품 바리바리 싣고 석양빛 밟으며
재 넘어 오시던 아버지.
문고리가 쩍쩍 달라붙던 맹추위에 빨강색 505털실로 짠
스웨터로 겨울을 포근히 감싸 주시며
가족 위해 모든 것을 내어 주시던 어머니.
앞마당에 주렁주렁 단감 돌담아래 요염한 앵두
김이 모락거리는 보리개떡 볼 터지게 먹으며
와자지껄 대가족 품안에서 봄볕 같은 따사로운 사랑 받으며
해맑게 자랐던 유년 시절,
뉘엿뉘엿 노을빛 바라보며 그리움의 추억들을
한 닢 두 닢 정갈하게 시의 꽃으로 피워낸다.

3

이번 시집에는 총102편의 작품이 전7부로 구성되어 실려 있다. 각 부의 제목을 열거하면 제1부 "오늘도 외로움과 그리움 베고 누워" 제2부 "이팝꽃이 활짝 피면 풍년이 온다지요" 제3부 "박꽃 같은 할머니의 미소가 그립습니다" 제4부 "연둣빛 바람이 손각지 끼고 함께 가자고 한다" 제5부 "나만의 장난감을 언제까지 만들 수 있으려나?" 제6부 "이 풍진 세상 해맑은 눈망울로 눈부시게 지내다가", 그리고 제7부 "해질 녘 갈색 스카프에 국화꽃 향 숨어든다"이다. 시집에 수록된 시의 내용이 어떨는지는 각 부의 제목만 읽어봐도 짐작하기 어렵지 않다.
시인이 자기 삶을 대하는 느낌이 때론 정감 있고 때론

잔잔한 슬픔으로 시에 스며 있는 것을 알 수 있다. 말하자면 타인의 생이 아니라 자신의 생에서 찾아낸 여러 가지 소재를 통해 노년에 접어든 오늘의 자신을 후회하지 않고 아름다운 추억으로 '보물찾기'하듯 시화^{詩化}하고 있다. 특히 자신이 가족과 함께 지냈던 젊은 시절의 일들을 좋았든 힘들었든 지우개로 지우지 않고 가까운 거리에서 아니, 시간적 지리적 같은 공간에서 오늘의 일처럼 이야기하고 있는 것이다.

이러한 천영희 시인의 시세계는 라이너 마이라 릴케가 시인들을 향해 말한 다음과 같은 내용과 거의 일치한다.

A)시간으로 따지지 마십시오. 몇 해쯤은 문제가 아닙니다. 십 년쯤은 아무것도 아닙니다. 나무처럼 자라나게 두십시오. 나무란 무리하게 수액^{樹液}을 밀어내지 않고 봄에는 여름이 오지 않으면 어쩌나, 그런 쓸데없는 근심으로 머리를 쓰지 않습니다. 여름은 반드시 옵니다. 그러나 여름은 마치 영원을 눈 앞에 바라보고 있듯이 아무런 현념^{懸念}도 없이, 늠름하고 조용하게 기다리는 인내심이 강한 사람에게만 옵니다. 나(시인)는 날마다 그것을 배웁니다. 괴로워하면서도 배우고, 그 괴로움에 감사합니다. 말하자면 인내가 전부입니다.

B)슬픔은 당신이 가장 깊은 내부로 지나간 것이 아닐까요. 슬픔을 겪음으로써 당신 안의 것이 얼마나 변하고 달라졌을까요. 다만 위험하고 나쁜 것은 사람들이 사는 세상에서 그 슬픔을 풀 수 있다고 생각하는 일입니다. 겉만 아물게 하는 이 슬픈 치료를 받은 병처럼 그런 슬픔은 사람들 사이

를 돌아다니다 보면 풀어지기는 하지만 잠시 시간이 경과하면 한결 더 맹렬하게 돌발합니다. 그래서 우리는 기쁨을 참고 견디기보다 더 큰 신뢰를 가지고 슬픔을 참고 견뎌야 합니다. 왜냐 하면 슬픔이 우리안에 솟아오름은 어떤 새로운 것, 또는 미지未知한 것이 우리 안에 들어온 순간이기 때문입니다. 사실은 슬픔 그 자체로 지나가는 것입니다. 다만 우리 안의 새로운 것과 보태준 것만이 마음 안에 스며서 가장 깊은 방에 들어앉을 뿐 슬픔 그 자체는 영원히 머무는 것이 아닙니다.

이 인용문은 박목월 시인이 1955년 우리나라에서 처음으로 번역하여 소개한 『젊은 시인에게 보내는 편지』 속에 있는 대목이다. A는 〈끝없이 고독한 것〉 중에서, B는 〈슬픔에 대해서〉 중에서 인용하였다. .

4

천영희 시인이 '보물찾기'에서 찾아낸 추억의 꾸러미 속으로 들어가 보자.

북한산자락 기자촌 능선의 산 내음 촉촉한 마을/ 문간 셋방에서 백 년 태울 사랑을 한껏 불사르던/ 신혼 시절// 십구공탄 연탄불 위 양은솥단지에선 지글보글/ 꽃분홍 사랑물이 끓어오르고// 마중물 들이킨 수도펌프에선 파아란 사랑물이/ 콸콸콸 뿜어져 나오고/ 설컹거리던 삼층밥도 오케이 - 「추억 한 조각」 부분

희망 깃발 펄럭이며 땡땡땡 진입했던/ 기자촌 역촌동 응암

동 녹번동 증산동 신월동/ 화곡동 염창동 신도림동// 지하철역 이름 아닌 서울생활 50년 여정 길에/ 고생보따리 가난보따리 눈물보따리 트럭에 싣고/ 이사 다니며 들렀던 -「간이역」 부분

    탱자나무 울타리 맴돌던 노랑나비/ 앞마당 지키던 감나무에 주렁주렁 매달린 땡감/ 장독대에 해 바라기하며 맛깔나게 익어가던 간장 된장 고추장/ 돌 틈 비집고 피어나던 장독대 지킴이 채송화 맨드라미// 지금도 고향 떠난 언니 오빠 기다리고 있을까? -「추억을 꺼내본다」 부분

    두레박으로 퍼 올린 하늘 품은 정화수로 입가심 하고/ 땀으로 얼룩진 빨랫감 박달나무 방망이로 힘껏 두들기니/ 시집살이 남편살이 가난살이로 속앓이하던/ 가슴 속 묵은 체증이 푸드득 날개 펴고/ 초록 들판으로 날아간다 -「우물가 빨래터」 부분

    해거름 함박웃음 한소쿠리 담아 사립문 열고 들어선/ 개구쟁이 반기던 빨간 앵두 입에 문 삽살개// 영화관 환등기 타고 어둠 속 적막을 가르며 세월에 감긴/ 추억 꾸러미가 바람개비 되어 쪽빛 조명으로 충전된 시간들 -「추억꾸러미」 부분

    기자촌, 역촌동, 응암동, 녹번동, 증산동, 신월동, 화곡동, 염창동, 신도림동 등 요즈음 서울에 사는 시민들조차 "거기가 어디지?" 하고 질문할 정도로 가난한 서민들이 살았던 동네들이다. 아마도 시인이 서울에서 이사한 횟수만 해도 열 번은 넘었음직하다. 하지만 이 궁핍했던 시

절의 추억꾸러미를 품고 있는 천영희 시인의 시에는 힘들고 어렵고 불행했던 사실보다는 "십구공탄 연탄불 위 양은솥단지에선 지글보글 꽃분홍 사랑물이 끓어오르고" "설컹거리던 삼층밥도 오케이/ 수북이 쌓인 설거지도 오케이/ 외식으로 자장면 한 그릇에 함박웃음 짓던" 시절이었다는 듯이 유머러스하게 묘사하고 있다. 오히려 고난의 세월을 이겨낸 사람만이 가질 수 있는 여유를 보여준다. 이런 추억은 이른바 금수저를 물고 태어난 사람들이야 도저히 이해할 수 없는 값진 명품 보물 같은 추억일 것이다.

천영희 시인의 추억꾸러미 속에는 눈여겨 봐야 할 또 다른 보물도 있다. 서로를 아끼고 사랑하는 질긴 인연의 피붙이인 가족애의 눈물 나는 이야기다.

아버지의 꼬깃꼬깃한 쌈짓돈 손에 쥐어 주시며/ 배곯지 말라고 당부하시던 온화한 그 모습/ 두레박으로 퍼내도 퍼내도 마르지 않던/ 맑은 샘물 같은 당신의 사랑/ 아버지의 쌈짓돈 다시 받아 봤으면 좋겠다 -「쌈짓돈」부분

마루 끝에 앉아 제비 새끼처럼/ 받아먹으며 허기 달랬던 행복했던 순간들 -「할머니의 무명베 수건」부분

쇠똥 주무르던 손가락에 옥반지 끼고/ 옥색 물항라 저고리 곱게 차려 입으시고// 꿈에 그리던 영암 월출산자락/ 친정에도 다녀오시고 봄 꽃구경 가을 단풍구경/ 읍내 서커스구경 하시며 -「어머니의 세월」부분

늙어가는 오빠 올케 그리며 철따라 보내온/ 굴비 물외장아찌 파래가 도착하는 날이면/ 서해안의 갯내음 황토밭에 풋내음으로/ 삭막했던 집안에 꽃등이 켜진다 -「시누이 사랑」부분

아버지가 딸에게 준 쌈짓돈과 할머니의 무명베 수건, 물항라 곱게 차려 입은 어머니, 올케에게 시누이가 보내온 굴비 물외장아찌…등 가족이 등장하는 시를 읽으면, 있는 것은 서로 나누고 없는 것은 서로 채워주며 살고 있는 가족의 정경이 떠오른다. 할머니 어머니 아버지 시누이 등 가족이 등장하는 시의 끝에는 으레 "그립습니다" "사랑합니다" "보고 싶습니다" 등, 마치 노래의 후렴 같은 마지막 한 줄이 딸려 있다. 가족을 향한 천영희 시인의 애틋하고 간절한 그리움과 마음이 읽혀진다. 시의 기술적 측면에서야 이런 마무리는 자칫 흠결이 될는지 모르지만 인간의 진정성이란 점에서는 지지하고 응원할 만한 장점이다.

5

이미 세 권의 시집을 펴낸 천영희 시인의 진면목은 '추억의 꾸러미'에서 나온 보물에만 있지 않다. 나는 이 시집에서 지난날의 추억을 복원한 시보다도 현재의 나 자신의 심경과 일상사를 형상화한 여러 작품들에서 발견하였다. 예를 들면 「하루라는 보석」「가면을 벗다」「자화상」「마음을 빗질한다」 같은 작품들이다.

흔히 나이가 많다고 자칫 나이 탓을 하거나 너무 늦

게 등단해서 뒤처질 수밖에 없다는 70-80대 시인들의 시적 고충을 자주 듣고 있다. 그런 고충담을 들을 때마다 나는 그분들을 향하여, "그런 말씀은 시에 정진하지 않는 나태한 사람들이나 하는 핑계일 뿐"이라고 말이다. 『말테의 수기』에서 라이너 마리아 릴케가 언급한 한 대목을 다시 인용한다.

나이 어려서 시를 쓴다는 것처럼 무의한 일은 없다. 시는 언제까지나 기다리지 않아서는 안 된다. 사람은 일생을 두고, 그것도 될 수만 있으면 칠십 년, 혹은 팔십 년을 두고 마치 벌이 꿀을 모으듯이 의미意味를 모아두지 않으면 안 된다. 그리하여 말년에 가서야 서너 줄의 훌륭한 시가 씌어질 것이다.

릴케의 지적이 아니더라도, 천영희 시인 역시 좋은 시를 쓰기까지 평생을 기다려온 셈이다. 가족과 고향집의 체험들, 낯선 객지에서 소시민으로 살아야 했던 경제적인 궁핍과 어려움, 삶의 고단함 등을 추억의 보물창고에 잘 저장해 놓았으니 언제 꺼내 써도 좋을 시의 재료 또한 풍부하다. 하지만 그 추억만을 시의 재료로 삼고 시를 쓴다면 영영 추억에서 헤어 나오지 못하는 회고조의 낡은 시밖에 생산하지 못했을 것이다.

천영희 시인이 새롭게 접근한 방식으로 쓴 시 한 편을 살펴보자.

겨울 찬바람에 오돌거리며
가로수 가지에 웅크린

메말라가는 잎사귀의 바튼 기침 소리
삶의 행복했던 순간들은
망각이란 돛단배에 실어 강물에 띄워 보내고
시련의 순간들은 새김질로 가두며
붉은 심장을 새까맣게 들볶는 하루하루

오늘도 외로움과 그리움 베고 누워
별이 된 친구에게 문자 메시지를 보낸다
그곳에서 새들의 합창소리 들으며
만개한 꽃들의 향내에 젖어 볼그레 잘 지내냐고

어둠을 깨우는 신새벽 사뿐사뿐 내리는 눈을 보며
헝클어진 마음을 정갈하게 빗질한다
-「마음을 빗질하다」 전문

    이 시집의 표제시標題詩이기도 한 이 시에서 나의 눈길을 사로잡은 구절은 "오늘도 외로움과 그리움을 베고 누워/ 별이 된 친구에게 문자 메시지를 보낸다"이다. 노년의 어느 하루, 겨울 찬바람이 부는 겨울 풍경을 바라보면서 시인은 "메말라가는 가을 잎사귀의 바튼 기침 소리"를 들으면서도 행복했던 지난날보다는 현실에서 발생하는 "시련의 순간들을 새김질 하며 붉은 심장을 들볶는 하루 하루"를 지내는 여유와 지혜를 "외로움과 그리움을 베고" 눕는다는 에둘러 말하는 표현으로 승화시킨다. 천영희 시인은 '외로움'과 '그리움'을 별개의 상황으로 인식하지 않고 있다. 말하자면 외로움=그리움은 마음의 한 몸인 셈이다. 따라서 이런 마음의 흐름이 헝클어질 때마다 시인은 마음을 정갈하게 빗질하는 정신적인 정리 작업을 한다. 머리카락을 빗질하여 정돈하듯 마음을 빗질한다는 것은 노년에 접어든 시인의 끊임없는 자기 성찰의 지혜이다. 추억에 빠져 침잠하기 쉬운 노년의 일상을 무의미하게 보내기보다는 늘 자신의 내면을 들여다보고 성찰하며 마음의 안정을 찾는다.

6

오랫동안 근무했던 직장생활도 마치고, 자식들도 자라 성인이 되어 제 몫을 다하여 살게 되고, 평생을 해로하는 내외와 두 식구만 한 집에 남았으니 세월은 빨리 흘러간다. 하지만 몽당연필처럼 짧아진 남은생의 시간은 감당할 수 없을 만큼 하루 하루 자신을 기다리고 있다. 이 많은 시간을 보내려면 일상은 무료하기 십상이다. 이런 천영희 시인이 선택하고 천영희 시인을 구원해준 건 다름 아닌 시詩다. 다른 시인의 시를 읽는 일도 좋지만 직접 시를 쓰는 일에서 구원을 받게 된 것이다. 한 편의 시를 완성할 때는 기분 좋은 행복감에 젖을 수 있어 좋다. 반대로 바라던 대로 시가 씌어지지 않을 때는 "욕심을 버려야지 사서 왜 이 고생이람"하고 머릿속이 산란해질 때도 있을 것이다. 그러나 사서 하는 고생을 마다하지 않는다. 오히려 시 쓰기에 젊은 시인 못지않은 열정을 쏟고 있다. 천영희 시인이 시 쓰기에 얼마나 열정적인지는, 이번 시집에 수록된 시 가운데 상당수가 부상으로 입원한 병실에서, 집에서 치료하는 동안 쓴 시라고 하니, 그 열정을 더 설명해 무엇하랴.

①원고지에는/ 생로병사 희로애락이 동거하는/ 여러 개의 방이 있다// 기쁨 방 슬픔 방 웃음 방 눈물 방/ 네모난 방안에 켜켜이 쌓인 기억들/ (중략) 싱그럽던 꽃은 마른 꽃 되고/ 원고지에 심겨진 수북한 말들은/ 도란도란 삶의 갈증을 풀어준다

②원고지 칸칸마다 분주하게 드나드는 발걸음에/ 뒷굽이 닳아 버린 만년필// 영혼을 담은 시 한 수가/ 원고지 위에서 가부좌를 틀고 앉아 있다

③부스스 일어나 마음 곳간에 켜켜이 쌓인 시어 꺼내/ 한 땀 한 땀 꿰매어 꿈과 소망이 담긴 장난감을/ 만들어 본다/ (중략) 해질녘 활자들의 놀이터인 원고지 위에서/ 하품하며 선잠을 자는 그들// 내일은 산꼭대기 올라가 장대로 달을 따서/ 우리 집 처마 끝에 매달아 놓고/ 양탄자 타고 세계여행이나 떠나 보자// 나를 닮은 시어로 만들어진 나만의 장난감을/ 언제까지 만들 수 있으려나?

①은 「시의 방」의 일부, ②은 「시 한 수」의 일부, ③은 「나만의 장남감」이란 시의 일부이다. 천영희 시인이 얼마나 시를 사랑하고, 시 쓰는 시간을 소중한 일상으로 향유하고 있는지 짐작할 수 있다. "싱그럽던 꽃은 마른 꽃"이 되어도 "원고지 위에 심겨진 수북한 말들"은 꽃처럼 활짝 다시 피어나 "삶의 갈증을 풀어준다"고 본다든지, "영혼을 담은 시 한 수"가 "원고지 위에서 가부좌를 틀고" 있다는 작품에서는 원고지 칸 속에서 바쁘게 움직이다(시를 쓰다)보니 만년필의 뒷굽이 닳아버렸다는 유머러

스한 의인법으로 표현한 구절에 이르면 절귀艶句라는 말이 절로 나온다. 이 몇 편의 시만으로도 육신의 고통을 겪으면 겪을수록 시에 대해 더더욱 전념하는 시인의 창작정신이 놀라울 뿐이다. 부디 시를 애지중지하는 장난감으로 만드는 날이 오래오래 지속되기를 기원한다.

7

 시집에 곁들이는 다른 분들의 평설처럼 수록된 작품을 다각적으로 해석하고 해박한 전문용어를 구사하여 그 문학적 완성도를 평가하는 언술을 가능한 한 피하였다. 논리와 사유의 수사법을 빌리지 않았다. 오히려 그런 비평적 언술을 피하는 것이 시를 쓰는 동업자로서 마땅히 선택할 일이라고 생각하였다.
 시집에 수록할 시 중에서 여러 편을 몇 번씩 되풀이해 읽는 동안 시인의 마음을 읽으려고 노력하였다. 이것은 마치 타석에 선 야구선수가 힘을 빼야 좋은 타구를 날릴 수 있다는 이론과 비슷하다. 글을 쓸 때도 힘을 빼야 한다. 잔뜩 힘이 들어간 글로 평설을 이어간다는 것은 남을 가르치려드는 꼰대나 다름없는 월권이다. 평설은 시인의 인생 경험과 감정이 어떻게 시 속에 잘 녹아 있는지를 독자들이 더 잘 이해하고 공감할 수 있도록 안내하는 역할이면 된다.

 천영희 시인의 시를 한 편 더 소개하고 글을 마무리한다.

이 시는 전쟁터로 나아가는 전사가 스스로 자신의 각오를 다지고 전의를 불태우는 것과 같은 시다. 시인이 시의 황야로 참전하는 출정식 성격의 선언이다. 실종되었던 '천영희'라는 이름 석 자가 '시인'이라는 '고딕체 이름 석 자'로 변환되는 바로 그날의 감격을 그린 작품이다.

천영희 시인의 시적 생의 무운武運장수長壽를 기원한다.

금혼식 지난 여인에겐 여러 개의 이름이 있다
아내 맏며느리, 엄마, 올케, 아주머니, 할머니로만
불리었던 실종되어 버린 내 이름 석 자
(중략)
무지랭이로 지내온 시간 속 걸어온 발자국마다
방울방울 사리되어 신념의 마술로 피어난
고딕체 이름 석 자

시인이란 벼슬로 명함에 새겨져 품에 안기던 날
신의 축복 받은 내 생애 최고의 날
(중략)
글 쓰는 재능을 물려주신 부모님께 감사드리며
길동무가 되어준 보물 1호인 너를 액자에 넣어
하늘 벽에 걸어두고 싶구나
-「명함」부분